品质至美

意大利品牌卓越的秘密

（Riccardo Illy）
[意] 里卡尔多·意利 著
贺一硕 译

中国原子能出版社　中国科学技术出版社
·北京·

The Art of Excellent Products: Enchanting Customers with Premium Brand Experiences.
Copyright © Riccardo Illy, 2022.
Published by arrangement with HarperCollins Focus, LLC.
Simplified Chinese translation copyright by China Science and Technology Press Co., Ltd. and China Atomic Energy Publishing & Media Company Limited.

北京市版权局著作权合同登记　图字：01-2022-6719。

图书在版编目（CIP）数据

品质至美：意大利品牌卓越的秘密 /（意）里卡尔多·意利（Riccardo Illy）著；贺一硕译 . —北京：中国原子能出版社：中国科学技术出版社，2023.11

书名原文：The Art of Excellent Products: Enchanting Customers with Premium Brand Experiences

ISBN 978-7-5221-3017-0

Ⅰ．①品… Ⅱ．①里… ②贺… Ⅲ．①企业管理—品牌营销—研究—意大利 Ⅳ．① F279.546.3

中国国家版本馆 CIP 数据核字（2023）第 189239 号

策划编辑	褚福祎	责任编辑	付　凯
文字编辑	孙　楠	版式设计	蚂蚁设计
封面设计	马筱琨	责任印制	赵　明　李晓霖
责任校对	冯莲凤　吕传新		

出　版	中国原子能出版社　中国科学技术出版社
发　行	中国原子能出版社　中国科学技术出版社有限公司发行部
地　址	北京市海淀区中关村南大街 16 号
邮　编	100081
发行电话	010-62173865
传　真	010-62173081
网　址	http://www.cspbooks.com.cn

开　本	880mm×1230mm　1/32
字　数	135 千字
印　张	10.75
版　次	2023 年 11 月第 1 版
印　次	2023 年 11 月第 1 次印刷
印　刷	北京盛通印刷股份有限公司
书　号	ISBN 978-7-5221-3017-0
定　价	69.00 元

（凡购买本社图书，如有缺页、倒页、脱页者，本社发行部负责调换）

前言

我一生都在的里雅斯特（Trieste）生活，这个城市位于现在的意大利。我们的城市不像威尼斯、卡普里（Capri）或者是罗马那般有名气，它坐落在意大利边境的最东角，距离克罗地亚仅一小段车程，斯洛文尼亚的西部地区也近在咫尺。独特的地理位置和作为海上民族的悠久历史塑造了我们的文化、饮食和方言。

的里雅斯特人将自己视为水手：大海和陆地一样被当作城市的一部分。在夏天，我们驾船出海，在大海里游泳和捕鱼。到了冬天，博拉海风①逾越的里雅斯特背后的喀斯特高原（Karst Plateau）和山区，带来的冷空气剧烈搅动着港口，掀起白色的波浪，气温也随之降低。城市的主要广场，也是欧洲最大的滨海广场，正对着亚得里亚海（Adriatic Sea）。这些都足以反映出我们的命运与海洋之间的关系是

---

① 博拉海风，Bora wind，活跃于亚得里亚海地区的一种强劲的海风。德国大众集团旗下的宝来轿车即以此海风命名。——译者注

品质至美：
意大利品牌卓越的秘密

多么的紧密（有时当广场被冬天的风暴所淹没时，这一结论从字面上看也同样成立）。

　　的里雅斯特虽然位于意大利境内，但这并不是一座完全意大利式的城市。在历史上不同的时间点，这座城市先后被罗马人、日耳曼–伦巴第人和法兰克人相继控制。拿破仑曾三次占领这座城市。14世纪，这座城市被神圣罗马帝国确立为自由城，此后一直处于奥地利的保护之下，直到1918年11月4日，被意大利军队占领，并在第二次世界大战后，又变为和蒙特卡洛（Monte Carlo）一样的"无国籍城市"。著名的"铁幕"①就位于距市中心6英里②远的地方。最终在1954年，这座城市重新成为意大利的一部分，从那以后，我们一直很乐意将自己视为意大利人。［尽管如此，这座城市所处的大区，弗留利–威尼斯·朱利亚（Friuli-Venezia Giulia）是意大利五个自治区之一，由于本地有着多样的文化和3种不同的语言，所以我们在立法和行政方面拥有更大的权力］大

---

① 铁幕（Iron Curtain）出自英国前首相丘吉尔的演说，此处代指冷战期间美苏两大阵营的分界线，的里雅斯特正处于冷战前沿。——译者注
② 1英里≈1.61千米。——编者注

前言

部分的里雅斯特人都承继了这份文化的无根性的集体记忆。这使得的里雅斯特人变得比原本更为大胆和热爱冒险。的里雅斯特人注重通过宗教和文化协会来保护丰富多样的历史，以便于那些古老的传统和知识能够继续留存。自始至终，伴随着历史的风云变幻和那些在城市中留下自己印记的不断变化的外来移民，我们城市的命运起起伏伏。

　　的里雅斯特是一个充满诗情画意的地方，为此我不愿意去其他任何地方居住。城市里优雅的新古典主义的建筑和众多的雕塑使人们不禁回想起哈布斯堡王朝，因此这里也被誉为"海边的维也纳"。街道上密布着众多的咖啡馆，在这里，那些老主顾们享受着午后的浓缩咖啡和卡布奇诺，也只有在的里雅斯特才能用同一个寻常的浓缩咖啡杯供应这两种咖啡。这样的咖啡文化承袭自奥地利人（还有他们对装饰咖啡馆内部的多立克柱以及精雕细琢的石膏塑像的赏识）。或许由于博拉海风洗刷了空气中的污染，抑或光线对城市背后像圆形剧场般高原的反射，城市里的光线具有独有的特质。不论哪种方式，的里雅斯特都受摄影师和艺术家青睐，也被作家们钟爱，詹姆斯·乔伊斯（James Joyce）在这里完成了《尤利西斯》（*Ulysses*）的部分内容。

品质至美：
意大利品牌卓越的秘密

我的祖父之所以选择在这座城市开始自己的事业，是因为当时这里的咖啡贸易和咖啡馆文化已经十分繁荣。他意识到城市的港口将成为通向世界的大门。但最主要的是，他喜爱这里的生活经历，我也是如此。如同我的祖父以及大多数的里雅斯特人一样，冬天大部分的周末我都会驾车去山区滑雪；夏天，我们会驾船出海。我们将会在剧场或者歌剧院，抑或在广场两旁的餐馆内相聚，去品尝从亚得里亚海和山区运来的、经历史调味的新鲜食物：奥地利煎蛋饼、希腊羔羊肉、匈牙利红烩牛肉以及斯洛文尼亚"吉塔"（Jota，一种罐焖菜肴）。

我经常会思考是否可以将意利公司（Illy，知名咖啡公司）的产业转移到其他地方。或许做不到。

除了生活乐趣外，还有一些其他的原因促使我们能够在这里高效运作，而不是转移到另一个更大的工业中心。原因之一在于，的里雅斯特拥有众多受过高等教育的人口，他们能够进入受国家资助的大学学习。与其他的二线和三线城市不同，即使有来自米兰、罗马、伦敦、东京或者纽约的更好的机会向我们的年轻人招手，他们仍然选择留在这里。为什么？因为这里极高的生活质量使他们不愿意冒着失去这一切

前言

的风险而去大城市打拼。的里雅斯特人生活在一个文明的地方，城市在满足人们在艺术、科学、商业和自然方面的需求的同时，还能够为市民提供良好的教育和医疗保障。

在现代商业和高质量生活这两者之间取得平衡是我们成功的关键。大海将全球商界联系在一起。我们的文化将美学、艺术、自然和科学置于优先位置，培养了我们对品质的热情，始终保持追求卓越的热情以及让我们的世界变得更好而不是更糟的决心。我们将这些最基本的信念称为"魅力"（Incanto），这也是我们开展所有工作的基础。我们希望意利公司能发展壮大、赢利并获得成功，但同时也将它融入我们的社会之中。我们的选择和所采取的行动影响着这座城市以及由全球供应商、客户以及附属企业所组成的庞大的网络。我们的工作不仅是为了自身，也是为了他们。我们业务的每一方面，不论是产品、管理还是受聘者（其中许多人都来自同一个多代家庭），都必须服务于一个可持续发展的未来。这样的未来必须聚焦于品质和世代传承，为我们的子孙后代提供支持。

品质至美：
意大利品牌卓越的秘密

树大根深

正如同他们当代的后裔，古罗马人也热衷于对品质的追求。他们绘制精美的壁画，并在别墅的地板上镶嵌精致的马赛克；他们也能够酿造上好的葡萄酒并用橄榄榨油；他们还掌握了一种让混凝土足够坚固的技术，使得他们的建筑能够留存至今（尽管混合这种混凝土的技术没能流传下来）。我在骑着摩托车去办公室的路上，会经过古罗马剧场。它建于公元1世纪，光阴流转，岁月蚀刻，剧院原有的正面和墙体已然无存，但我们有时候也会利用这里的台阶和圆形露天剧场举办音乐会和演出。在温暖夏日的天空下，坐在石凳上享受音乐或戏剧是十分惬意的，正如我们遥远的祖先所做过的那样。我不能肯定的里雅斯特最早的居民是否能够想象到今天这里会变成偶尔举办摇滚音乐会的场地。然而，我敢肯定，他们会设想到自己遥远的后辈儿孙将以某种方式继续享用他们留下的剧场。我们所做的并不只是为了我们自己，还为了那些过了几十年、几百年或几千年后素未谋面的人们，这种信念贯穿意大利商业模式的各个方面。

这种信仰体系部分源于我们在意大利种植和生产的

前言

产品本身。意大利有一些家族经营他们的葡萄园已经超过600年。新的葡萄藤必须经过5年的生长期才能结出葡萄,而葡萄酒必须再窖藏5年才能以布鲁内洛·迪蒙塔尔奇诺(Brunello di Montalcino)的名义进行销售。我们在自己的庄园马斯特罗扬尼(Mastrojanni)里种植橄榄树,并用其果实榨油,其中有一些树的树龄已达上千年,但产出的品质依然极好。因此,在意大利,我们习惯于去营造一种环境,使其能够为几代人保持始终如一的卓越品质。我们深知这样做不仅仅是为了我们自己。

当我们扩大意利公司的业务范围,并考虑新的投资和并购时,我不太关注这是否会改善我自己的生活,而更多地聚焦于未来是否将有人从中受益。这些人或许是我自己的后辈,抑或那些为我们工作的许多家庭的后代,甚至还有可能是那些在世界的另一端,靠向我们出售原材料养家糊口的农民的后代。

品质的3个层级

当你了解意大利人对品质的热爱,并致力于将其尊为开

品质至美：
意大利品牌卓越的秘密

展商业活动的首要哲学时，你就是在致力于始终如一地生产出让你的客户感到惊喜和愉悦的产品。究其根源，为了能够和眼光独到的消费者建立联系，你就必须为他们提供更多、令人着迷的和意想不到的产品。我们将品质分为三个层级。

首先，有的企业能够生产具备必要品质的产品，比如生产出的毛衣或许会让人感到刺痒但能使人保持温暖，抑或生产出的食物的味道不太好，却足以果腹，再比如生产出的一些汽车让人坐在里面并不舒适，却能够将你带到你想去的地方。

其次，一些企业可以提供满足预期品质的产品，如毛衣既保暖又柔软、食物既美味又富有营养、汽车既舒适又可靠。

最后，还有一些企业能够提供具有增强品质的产品。毛衣保暖、舒适并使人心情愉悦，食物美味、营养还能令人感到惊喜，汽车驾驶顺畅、令人愉快并能带给人们意外之喜。

这种提升品质的概念，特别是产品能带给人们惊喜的理念，成为我们所有工作的基石。即使是在经济形势十分恶劣的情况下，这种理念也能驱动意大利的企业在全球范围内取得成功。想一想像普拉达（Prada）或者菲拉格慕

前言

（Ferragamo）这样的时尚品牌，新季的作品发布总是令人满怀期待：它们将会以怎样一种技惊四座和赏心悦目的方式去诠释这一文化时刻？

这就是提高质量的精髓：普拉达的时装使用了优质的材料和无可挑剔的制作工艺。然而，这并不是那些追求时尚的人被普拉达的时装所吸引或者是舍弃一些东西去购买它们的原因。毕竟，在随处可见的主流品牌店铺内都能买到耐用的羊毛衫。普拉达的连衣裙、大衣和套装之所以如此受追捧，就是因为产品附带的神秘感和那些细微的、深思熟虑的细节所带来的惊喜和愉悦，以及原材料展示出的最高级的质感，而产品本身流露出的自信使消费者确信他们购买的商品在本质上优于所有竞争对手。

这样的惊喜和愉悦对我们所从事的每一项工作都是必不可少的。我们的浓缩咖啡杯被杯碟抬高是为了像展示一件艺术品一样去展示它，我们也会时常委托他人进行艺术创作，用于装点这些咖啡杯。这样做是为了让消费者体会到我们的咖啡有多么的绝妙。如果我们希望继续带给消费者惊喜，给他们提供高质量的产品，我们就必须以他们意想不到的方式提高他们的购买量。

品质至美：
意大利品牌卓越的秘密

魅力的4根支柱

那么，如何提高产品质量呢？历经多年，我已经梳理出意大利企业的4条基本哲学，我将此类哲学称之为魅力。这是意大利人所独有的，源于我们对美的关注和对朴素、优雅品质的向往。

我们将在本书中关注那些典型的意大利企业展现的魅力的4根支柱：

- 要获取消费者对产品绝对优越性的认可，也就是说，产品要完美。
- 要建立起与那些大众市场产品制造商完全不同的、独一无二的供应链。
- 要使用市面上最好的材料。
- 要深入且广泛地关注社会、环境和经济的可持续发展问题。

所有的这些要素对于创立一家能够保证后续几代始终产出稳定品质的产品的企业来说都是必不可少的，此外还需要

前言

关注其所在社区的福祉。当你透过这种魅力的视角去审视自己的企业时,你必然会发现新的可能性和实现你想法的新的途径。

虽然如此,但当一项新业务在未来几十年内都无法赢利时,你就必须将目光放长远一些。上述的原则可以为我们完成这一步骤提供框架。因为在审查一座葡萄酒厂的季度报告是否有意义时,即便五年时间也是过于短暂的,不足以评估你所做的工作。你反而有必要去关注业务的其他要素。它们或许并不如一列数字易读,但也同样重要。当我评估业务的健康状况时,我会查看那些可用的数据,但我也会去审查无形资产:我会去与客户交谈以了解产品是否还能够令他们着迷和惊喜,我是否能够获取最佳的咖啡或可可豆,以及我与这些种植者的关系是否依然让人感到愉快和友好。

我还会去查看我的葡萄酒在各种指南中获取的分数并去阅读客户的反馈。我的产品是否值得在社交媒体上被谈论,它们是否被贴上正面的标签。我还会和自己的受聘者交谈,去了解那些年长的工人是否仍然鼓励他们的孩子为意利公司工作。最后,也会去关注我的企业对环境的影响。我们是否已经尽己所能去保持种植作物的土地的健康,对于居住在我

品质至美：
意大利品牌卓越的秘密

们工厂周围的人们来说，我们是资产还是负债。

优异的产品、独一无二的供应链、绝佳的原材料和对可持续发展的承诺，这4个要素对于一家魅力型企业来说至关重要。如果你能够坚持这些核心原则并接受或许要比竞争对手更缓慢地开展工作，那么你就可以去创建一家极具韧性的企业。这或许需要耗费很多年的时间，但这无关紧要，因为你已经意识到企业的增长需要的是坚持不懈。与追求短期回报不同的是，你打下的基础植根于自己的家庭和更广大的社区之中。

让我们来将这些原则做进一步分解：

- 当我们在讨论绝对品质时，其实是在谈论消费者所能感知到的价值。
- 当我们说要建立与批量生产不相容的供应链时，事实上，我们更关注的是它的稀缺性。从字面上看，批量生产是十分常见的，然而稀缺性则意味着产量将极为有限。
- 使用难以获得的原材料将令产品难以被模仿，因为原材料很难获取。

前言

● 最后，对可持续发展的关注将创造出能够践行这一点的组织。

魅力在美国

我深知这不是美国的传统商业模式。当我在纽约、旧金山或者迈阿密与同龄人进行交谈时，我会听到他们在交付股东价值、股息等方面承受的巨大压力。他们向我诉说如何被要求去寻找更廉价的原材料、探索降低人力成本的方法、减少福利、最大限度地降低他们产品的价格，以及寻找创造性的方法来进行环境保护。在最坏的情况下，当私募股权投资者完成对一家老牌企业（或许和我的企业类似）的收购后，会将其拆分为不同的资产，然后卖给其他人。这些资产可能是企业世代拥有的工厂，而现在这些企业却不得不回租这些厂房并向新主人支付费用，此举在一夜之间摧毁了一家具有偿还能力的企业的健康。让我感到震惊的是，有多少受人尊敬的美国企业，通常最初都是家族企业，却被这样的短视思维折磨到筋疲力尽。

品质至美：
意大利品牌卓越的秘密

此时此刻，我想提出一种不同的做事方法，而且幸运的是，我相信我们正处于历史上的一个时刻，这样彻底的变革是可能的。与美国的企业一样，意大利的企业也遭受了由2020年全球新冠疫情暴发带来的巨大冲击。这迫使意利公司去审视自身业务的方方面面，以及重新考虑我们必须要去做些什么来使我们的企业更富有生命力、更加可持续和更合理地向前发展。可可和咖啡豆是我们的两种主要原材料。那么，随着适合种植这些作物的合适的气候带离赤道越来越远，我们供应商应该如何应对？员工就是我们的引擎，他们拥有事关我们运营的、深厚的、不可替代的知识体系。那么我们应该如何保障他们的安全并确保他们和我们一样能为企业取得成功贡献一份力量？最重要的是，我们应该如何回应消费者的期待并继续向他们提供始终如一的、高品质的产品，并在经济困难重重的情况下留住客户？

我们对这些问题的回答就是魅力。我们相信在困难时期保持产品的高品质更为重要，即便你周围的人或许正四处寻找削减成本的办法。同样地，对供应链的健康和恒久进行投资也是至关重要的。仔细想想那些生活在世界偏远地区的家庭，是他们在种植或生产你的产品所必需的原材料，他们的

前言

生活是否能继续并蒸蒸日上？他们是否有必要的资源去应对气候变化？你是否尽己所能地去帮助他们？

在本书中，我们将从3个维度去讲述魅力的故事。首先，我们从实际操作的角度去论述：你应该如何创建一家以品质为先并坚持可持续发展的企业，并在赢利的同时努力产出更好的产品。其次，我们从知识的角度去解释魅力的要素，以及每个要素怎样影响产品的品质以及怎样影响那些购买产品和生产产品的人的生活质量。最后，我们会从哲理的角度探讨问题：魅力是如何助力全世界人民的健康、幸福和长远前景的。

新的全球财富

我们的业务是全球性的：在过去的10—20年中，我们的客户群实现了爆炸性增长。我的祖父掌管企业时，主要客户是意大利人，我父亲将市场扩展到欧洲和美国，而现今我们有很多来自中国、巴西、俄罗斯、泰国、印度以及韩国等国家的新客户。这些新近富裕起来的消费者（仅中国就拥有数百万名百万富翁）有生以来第一次做出了真正的选择。他们

品质至美：
意大利品牌卓越的秘密

有足够的财力去购买想要的东西，去任何他们想去的地方，并享受他们能够获得的最好的品质。富有是相对的，所以我们难以用数字去定义，而是用这种做出选择和筛选优先级的能力去界定。这涉及典型的需求层次结构：当人们吃饱、穿暖、有安全感、被爱并有一定的成就时，他们会更加关注那些有助于自我实现或使生活变得更有意义的经历和体验。像我们这样的企业，或者像你的企业，简单地说都有机会去创造出为生活添加乐趣的产品。

但这里出现了自相矛盾之处。作为一家企业，不论是出于实际操作还是经营理念层面的原因，我们一直主张拥抱可持续发展。然而，在通常情况下，当人们刚刚变得富有时，他们的本能反应是去买更多的东西，如新的汽车和各种各样的服装等。他们或许想要得到最为稀有的原材料，这将导致许多本已极为脆弱的野生动植物资源的枯竭；他们也可能会去买超过自己食量的更多的食物……而我们的目标是说服消费者去购买更好的产品，因为你一次只能驾驶一辆车或者每次只能吃一定量的食物，所以，为何不去购买你能负担得起的最好的产品呢？

当我们在下文中畅游意大利时，你将看到不同的企业精

前言

心设计出各种方式让他们的客户去体验魅力。有些企业通过用稀有（可持续获取）的原材料代替可大量获取的原材料来实现这一点。还有一些企业则将代表极端成本的事物，用与之相反的概念替换：被竞争对手遗忘的流传数百年的技术。在意利公司，我们相信Indizio，即"线索"或者"标志"。我们用其来描述为何一件商品的高价格并不足以证明其质量上乘。我们为业界同行和我们的客户（以及其他任何想要加入的朋友们）创建了国际巧克力学院（the International Institute of Chocolate）。尽管学院开设的课程是专业级别的，却能够吸引任何对巧克力充满热情和爱的人参与其中，享受这份乐趣。同样地，我们有意利咖啡大学（the illy University of Coffee），任何钟情于咖啡的人士都能在这里学到我们如何创造出最高级咖啡的所有细节。

我们的"大学"让客户能够有机会自我教育，增长他们的知识，使他们培养出成熟的、精致的鉴赏能力，来享受由一杯独特的葡萄酒、咖啡或者是一块巧克力所带来的日常乐趣。更为重要的是，一旦消费者了解到一块高品质巧克力背后所需付出的大量工作，包含种植、采摘、发酵（是的，不论是咖啡豆还是可可豆在加工前都要进行发酵）、提炼和成

品质至美:
意大利品牌卓越的秘密

型等工序,成品巧克力的价格才能被他们认可。他们会感激生产者投入其中的所有努力,因此不再会抗拒为此多花一点儿钱。

正如财富不一定与金钱相关,品质也不一定与成本有关。相反,品质是在传递信息,将更好的东西传递给消费者。我深信生活中最简单的体验也可以是最高级的、充满乐趣的和值得庆祝的:在午后享用一杯花几欧元购买的完美冲调的浓缩咖啡也可以和在最高档餐厅中食用最昂贵的菜肴一样充满乐趣、令人惊喜。

家族

魅力还有另外一个方面,前文已经简要介绍过,这是我们经营理念的关键。我们的企业以及在本书中提到的所有企业都是由家族拥有(在大多数情况下)和家族管理的。很多企业,像意利公司一样,已经历经好几代人。有些企业已经被同一家族控制了数百年,这将使企业变得很复杂。当家族成员一起工作时,有可能将早餐桌上发生的一些小插曲和细小的争执带入企业内。因此,我们会特别注意以确保员工

前言

将不会监督他们近亲的工作,最好是近亲不在同一部门内工作。重要的并不是同一家族的多代人都会参与企业的日常经营,反而是那些拥有、运营或者管理企业的人采纳家族的思维模式更重要。如何定义这样的思维模式?

忠诚、价值观和文化的融合。在意利公司,我们忠于员工,员工也忠于我们,我忠于那些为我工作的人。我认识到如果没有那些既了解物流又了解企业精神的成熟的、经验丰富的员工,我们将难以获得成功。作为回报,我们也会善待员工。在意利公司工作的各层级的员工都会鼓励他们的孩子继续为我们工作。他们以成为意利家庭中的一员而感到自豪。从某种意义上说,他们的家庭和我们的家庭是一体统一的。

连续性。我从未感受到过那些非家族式企业所承受的压力,后者可能需要在一夜之间产出创纪录的收益或者大幅削减成本以增加股东股息。我最关注的始终是企业的永续发展以及决定我们做什么事和如何做事的根基。当我新开辟一处葡萄园时,我知道这不会让我变得更富有或者以任何方式改善我的生活。而事实上,随着时间的推移,这更有可能是一项需要我投入大量精力和金钱的重大投资。然而,此类投资

品质至美：
意大利品牌卓越的秘密

将有助于增强意利公司的长期稳定性和实力，尽管我并不能够一直待在这里，等到葡萄由红色变为黑色的那一天。毫无疑问，这应该是每一家企业的核心使命，无论其是私有还是公有、规模大还是小。

  家族式企业还有其他的好处：你能够跳出在工商管理硕士课程中可能学到的那些东西，并规避那些企业既有的规章制度难以预测到的问题。从商学院的角度看，规则是既定的且合乎逻辑的。当然，成功的企业必须要倾听消费者的意见，也需要对新技术进行投资，但有时只关注逻辑规则可能会让你对黑天鹅事件（指会造成严重后果的不可预测的事件）毫无准备。即使你非常确信已经对所有不测事件做了充足的准备，但你仍然会受到意外事件的影响。多年前，一架商业班机和一架私人飞机在亚马孙河上空相撞。其中一架飞机由于飞行高度的错误，几乎导致两架飞机迎面相撞。然而，坠机的部分原因是现代导航系统的性质所致。在发生碰撞时，两架飞机都在自己飞行路径的几英尺[①]范围内飞行。一套依赖于容易犯错的人类而不是精细的人工智能的导航系

[①] 1英尺 ≈ 0.3米。——编者注

前言

统,即便其陈旧也不完善,也能够使他们大概率避免灾难,因为没有人类导航员可以让飞机精确地沿着既定路线飞行。同样地,家族企业在本质上更为"人性化"。我们将基于偏好、个人的信念以及根深蒂固的本能来做决定。这确实会引发问题,但我相信这将使我们更加灵活,适应能力更强,并对意外事件保持开放态度。

经营家族企业是一件愉快的事情。这里充满了志同道合和合作的氛围,人们将一起在这样的气氛中工作。我常说人们不可能在担惊受怕的气氛中创造出美好的事物。你只有怀着兴高采烈、无拘无束的喜悦心情才能去迎接挑战,当然你也必须快乐地生活。在与家族成员一起工作的过程中充满了这种深刻的、有意义的喜悦之情。但如果你并非身处一家家族式企业,那么你该如何将这样的热情、快乐和共同愿景带到企业?

魅力企业的乐趣

我很庆幸自己的企业位于一个珍视这些要素的国家。我们周围聚集着的消费者也会青睐那些独一无二的产品和精

品质至美：
意大利品牌卓越的秘密

心周到的设计（我们曾遇到一个特别的问题，客户不愿扔掉那些空的意利咖啡罐，空罐越攒越多，以至于他们担心无处存放而停止购买咖啡）。此外，我们的客户也愿意为了切实的愉悦体验而去支付更高的价钱。我确信很多读者首先会认为这些理念无法融入他们的业务之中，他们的客户绝不会接受更高的价格或者更长的等待时间。我不赞同这样的想法。从意利到我们的其他品牌，包括多莫瑞（Domori）巧克力、马斯特罗扬尼（Mastrojanni）红酒和阿格瑞蒙塔纳（Agrimontana）果酱，这些积累的经验教会我一个简单的事实：如果一家企业向消费者做出品质承诺并多年来信守诺言，即使在极为困难的时期仍然坚持这样做，那么这家企业一定能够留住他们的客户。其原因在于，消费者相信我们将会向他们年复一年地、稳定地交付相同品质的产品。而其他的品牌会以提高利润和股东满意度为由，逐步降低其产品的品质。与之相比，我们将处于独一无二的位置，无论以后发生什么，我们只对自己负责并信守品质承诺。

贯穿本书的始终，我们将会探索与魅力相关的11个要素：完美、一致、美、真实、家庭、简单、培养、精炼、关系、耐心和惊喜。对于你这样的读者来说，我们将会关注那

前言

些你可以从意大利魅力哲学中学习到的方法。你不可能重回过去将你的企业重建为意大利风格的家族式企业，但你可以采纳其中蕴含的意大利思维模式，即品质重于短期利益，追求可持续发展而不是去使环境恶化。意利品牌几经风雨，曾有一段时间我们难以保证企业的未来，我们不得不做出难以置信的艰难抉择。例如，把我们的产品线减少到只保留一种咖啡。然而，我们所做的每一个选择都为我们指明了确保企业长期生存的方向。因为我作为企业的首席执行官所做出的决定只有在未来几年以后才能获得回报，我在为将来的几代人规划企业的未来。鉴于此，意利品牌要尽可能地去适应风云变幻的全球市场。

我希望你能在本书中找到一些灵感，并将其融入自己的企业之中，带你走入一个更为稳定的、可持续的和可以延续多代人的未来。

目录

第一章	完美	001
第二章	一致	025
第三章	美	049
第四章	真实	067
第五章	家庭	089
第六章	简单	109
第七章	培养	123
第八章	精炼	143
第九章	关系	165
第十章	耐心	183
第十一章	惊喜	207
致谢		225
后记	魅力	226

第一章
完美

完美是构成魅力的4根支柱中的第一根。如果不够完美，你将永远难以向客户提供令他们赞叹、惊喜、愉悦和出人意料的产品，而这些正是他们时常试图找出你的产品品质高于其他任何同类产品的关键。当我向学生描述品质的完美时，我会使用"喜悦"一词。完美的瞬间或者产品会带来快乐，而这种喜悦有时会被完美的转瞬即逝所带来的苦乐参半的感觉所冲淡。人们意识到完美很少到来，而且很快就会消逝，所以尽一切可能去延长这种快乐。

绝对的、无可挑剔的完美是人类难以企及的，我发现牢记这一点十分有益。但我们可以将完美的理念作为目的和指

品质至美：
意大利品牌卓越的秘密

标，这样我们才能发挥出最佳水平。我们同样鼓励消费者将完美视为持续寻求的事物。对于完美的追求必然会改善生活体验，帮助你培养出更为精致的品位和敏锐的眼光，同时拒绝粗浅的体验并将最终难以带来生活乐趣的不合格产品拒之门外。许多艺术传统，不论是中世纪的泥金装饰手抄本、纳瓦霍印第安毛毯还是日本侘寂陶器，都通过刻意而为的一些小瑕疵引入"只有上帝才是完美的"这一观点，来进一步诠释这一理念。当然，对于大多数人而言，那些瑕疵无论多么的细微和难以察觉，都早已存在。

追求完美听起来似乎有些精英主义。那些经常被认为"完美"的产品和体验通常都十分昂贵，并难以接近或者获取。不论是的里雅斯特的哈利短笛餐厅（Harry's Piccolo）、纽约的麦迪逊公园11号饭店（Eleven Madison Park）还是巴黎的银塔餐厅（La Tour d'Argent），想要在这些餐厅里预定一张餐桌是需要花费些力气的。在这里享用美食能够帮助人们改善社会关系、获取新的联系方式，当然你需要为支付最后的账单准备足够的预算以免陷入窘境。我非常乐意去享用一餐赢得米其林星级的美食。然而，这种形式的完美仅仅是极为富有的人的专属，或者说这样的完美晦涩难懂，难以被发

第一章
完美

觉，而这与魅力的理念是完全背道而驰的。每年夏天，我和妻子都会去阿尔塔巴迪亚（Alta Badia）的山区度假胜地去放松几周。我们经常会花整个下午的时间去阿尔卑斯山区的多洛米蒂山（Dolomites）的落叶松和冷杉林采摘蘑菇。我并不是菌类方面的专家，但我们两人有足够的专业知识和信心，在避免中毒的同时，能够采集到足够多可食用的鸡油菌或牛肝菌来做一顿意大利烩饭或煎蛋卷，然后在拉维拉峰（La Villa）的山坡上度过一个美妙的早晨。在我看来，这样的经历以及最后的美食，同任何其他优雅、精心烹调的晚餐一样完美。二者都能让人感到惊喜，使感官愉悦，尽管出于完全不同的原因。

体验完美

完美是可以被非专业人士所欣赏和理解的一种特质，正如我不需要成为一名真菌学家照样可以去享受采摘和烹饪当地蘑菇所带来的乐趣，你不需要成为一名侍酒师也能去品味一杯巴罗洛（Barolo）的优质葡萄酒。同样地，一个寻常的观察者不必是一名建筑师也能够欣赏那些帕拉迪奥式

品质至美：
意大利品牌卓越的秘密

（Palladio）的豪宅，此类建筑遍布维琴察市（Vicenza），令人赏心悦目，其优雅的简约设计彰显了外形与功能完美结合的建筑特色。

我最喜欢的艺术作品之一是"*La Gioconda*"，它有一个广为人知的名字叫《蒙娜丽莎》（*Mona Lisa*）。如果你是一位严肃的艺术史学家，你定会明白这幅肖像画是首批运用晕涂技法的画作范例之一。借此画，达·芬奇摒弃了文艺复兴早期画家注重清晰的轮廓和描绘的技法。他反而使用了多层半透明的油画色调，在数年内每次只覆上一层薄薄的颜料，去创造出一幅缥缈的、光彩夺目的肖像画，展现出惊人、永恒的朦胧之美。你同样可以认识到达·芬奇的这幅神秘的肖像画是一幅杰作，而无须先成为一名艺术专家。这一点无须再进行讨论，即使没接受过正规的艺术教育也能看出这一点。

与此同时，《蒙娜丽莎》常年被那些无法完全沉浸于这件艺术作品之中的游客所包围。巴黎卢浮宫用一个半圆形的栏杆和一个巨大的木桌将这幅画与馆内人群隔开。这幅画比你想象中的要小，并被锁在玻璃后面，这将不可避免地使画看起来有些暗淡无光。如果你能走到距离画20英尺（约6.1

第一章
完美

米）以内的地方会是十分幸运的，在此之前你往往要等待3小时才能进入这间拥挤的展厅，然而还没等你有机会喘口气和看一眼画，警卫就会把你往前驱赶。参观者不可能将自身沉醉于眼前画作的美当中，也不可能领会到达·芬奇这幅杰作的精妙之处。

此刻，游客们就站在完美的画作面前，却被混乱的人群所打断，这些人拼命地拍张照片就是为了证明他们曾经到过这里。在通常情况下，这些人会忽略馆内其他数千件令人惊叹的艺术作品，在看过《蒙娜丽莎》之后直接离开。究其原因，在于这些刚入门的艺术爱好者被告知，相比去看《美杜莎之筏》（The Raft of the Medusa）或者《大宫女》（La Grande Odalisque），《蒙娜丽莎》具有前二者可能所不具备的意义。他们深信自己选择了正确的艺术品去体验（尽管很肤浅）并能提升自我，在回到家中后也能够准确地分享自己的体会。

这里有两处脱节需要被考虑。第一是完美的理念不可能被完全地理解和领会，这是你作为产品设计者或者企业负责人必须要考虑的。正如我们从《蒙娜丽莎》这幅画中学到的那样，仅仅创造完美是不够的。首先，你必须营造出一种允

品质至美：
意大利品牌卓越的秘密

许参观者或客户体验它的环境。其次，你要教会客户去理解和欣赏你产品的完美并让他们认识到与竞争对手相比你的产品所具有的优势。

当你在考虑自己的产品，以及你的客户与所销售的商品之间的关系时，还需要去理解完美的不同特性。一方面，完美可以是短暂的，甚至是转瞬即逝的一种体验：它可以是那杯巴罗洛葡萄酒，也可能是你在自然界中充分感受到生活乐趣的某一刻。另一方面，完美也可以是具有最高品质和最优设计的耐用消费品。还记得在引言中提及的那件普拉达夹克吗？发现其中的瑕疵是很不容易的，衣服的样式十分精致，既反映了当前的时尚，又引领着未来的流行趋势。衣服的剪裁修身，能够使穿着者的身材显得更为优美。如丝般光滑、柔软的内衬能够使消费者轻而易举、毫不费力地穿上或者脱下。这件夹克，如同自然界中的那个转瞬即逝的片刻，为你的生活增添了乐趣。不完美的产品将增加使用过程中的障碍并令使用者感到不快，在这种情况下，产品的生产者就是通过减少这些不利因素来达到完美的。

不论是短暂的瞬间还是持久耐用的消费品都为你提供了机会去创造完美。如果后者不在你力所能及的范围内，这或

第一章
完美

许是受限于你产品的属性,那么请关注前者,去发现可以创造出吸引人的、令人惊喜的和令人难忘的体验的方法。

为何完美如此重要?

在进一步探讨之前,我们设想一下,如果完美不是优先事项时会发生什么。对于像夹克这类"软"产品,不够完美只会令人失望。一个意想不到的细节设计足以让人兴奋异常,这个细节或许仅仅是一个精致的手工纽扣孔,但一旦缺少,结果大相径庭。你的客户可能永远无法完全解释清楚为什么这样的一件夹克不值所花费的钱,但他们会转向另一位设计师,而将这件从未穿过的夹克束之高阁。

当我还年轻的时候,自己也经历了这样的过程。我整个夏天都在工作存钱,甚至卖掉了我心爱的摩托车,就为了购买一辆菲亚特127(Fiat 127)汽车。即使我已经察觉到手动变速器有些异常时,我仍将它开出停车场,心情十分高兴。返回后,我被服务部门拒之门外,他们说我太年轻、毫无经验以至于无法理解汽车的工作原理。最终这辆车被排除在保修范围之外,因为它几乎立刻需要更换一个新的变速箱。在

品质至美：
意大利品牌卓越的秘密

此后的40年里，我一直驾驶德国制造的汽车。近期，菲亚特汽车公司对其汽车部门再次注资，重新将品质放在首位，而现在我已经拥有一辆它旗下的熊猫4×4（Panda 4×4）越野车。尽管如此，菲亚特汽车公司还是错过了我40年的生意，因为它没有将完美置于优先位置，或没有认真对待十几岁时的我，抑或它并不认为将我视为客户进行培养和保留是值得的。

对于技术、药品或交通工具等"硬"产品而言，不完美可能是致命的。举一个典型的例子，美国飞机制造巨头波音（Boeing）公司近来遭遇了持续性的失败。在过去的数十年里，波音公司一直被外界所钟爱和信任，但他们在市场上的两大主力机型——波音737和波音787，都遭遇了两大问题的困扰。前者在改进过程中，波音公司草率地使用了更大的引擎，并利用软件来抵消这一转变对飞机重量和平衡方面的影响，然而，这套软件极为复杂和难以使用，最终导致多起致命的坠毁事故。而对于波音787，在北卡罗来纳州（North Carolina）夏洛特（Charlotte）的新工厂制造的新机缺陷众多，做工低劣，以至于卡塔尔的一家航空企业拒绝接收

第一章
完美

这里制造的飞机①。我怀疑企业内部的审查并未将"缺乏完美"视为一个问题。但从魅力的角度来看,我们不难发现波音公司忽略了不断追求完美的重要性。企业在设计过程中走捷径,将员工逼迫到偷工减料的地步,或是员工自觉委屈以至于不再在意自己的工作,最后交付了连众多波音公司高管都知道有问题的成品飞机。最终结果:波音737MAX在2018年、2019年两次空难导致346人丧生,而波音787被暂时停飞,危及数千个工作岗位,造成数十亿美元的损失,以及公众对波音公司的信任丧失而无法挽回。

正如我们在接下来的章节中所讨论的那样,可持续性也是魅力的目标之一,这也是波音公司栽跟头的另一个原因。我认为可持续性主要是对环境方面的考虑,但它也可以指创建一种能够抵御意外压力和紧张情绪的企业文化。我认为波音公司已经铸成大错,放任那些受过高等教育、不可替代的员工失去对企业的信任。与其他在行业内深耕数十年的企业类似,波音公司在其员工以及更为庞大的用户群体中拥有极

---

① 在波音公司的一名告密者发表这些言论后,波音公司反驳了《纽约时报》(The New York Times)的报道,而卡塔尔方面也发布了新闻稿否认这些问题。

好的信誉，并深受世界各地的航空爱好者的喜爱，他们会不辞辛劳来到美国华盛顿州埃弗里特去参观波音公司的工厂或去观看飞机试飞。波音公司挥霍这一切来自公众的信任与喜爱是巨大的错误。

你的客户在乎完美吗？

完美优先最常招致的批评是你的客户根本不期望甚至是不想得到它。这在意大利并不是什么大问题，却是我在美国时常看到的问题，不论是波音公司的不完美引发的灾难性后果，还是更为平常的、众多的连锁咖啡店向顾客提供的烘焙过度的咖啡，不完美在这里被广泛接受。如果你的客户不要求完美，那么有可能是因为他们从未获得机会去体验完美。他们可能没有意识到咖啡发苦的原因是咖啡豆被过度烘烤以弥补原材料的质量缺陷，或者是为了创造出一种统一的口味以便在上千家咖啡店内轻松复制。你也同样可能会遭遇来自你的组织内部的众多压力，促使你优先考虑加快生产速度、降低成本、提高劳动生产率或为股东增加更多价值。我始终以同样的回应来反驳这样的论点：在某个时刻，你当前所做

第一章
完美

的工作一定会被某个竞争对手以更优的方法所取代。

另一个问题是企业认为他们不需要提供具备魅力或关键品质的产品：令人惊喜、使人愉悦的完美产品。想想你在生活中是否有过这样的经历：当你去买一些小东西，本来对此毫无期待，最后却被商品优秀的品质所惊讶。当你将车停在高速公路边上想吃一顿快餐，本以为端上来的会是一些普通的、乏善可陈的菜品。然而，当食物入口的时候，你意识到食物是被精心地准备和烹调过的，其中凝聚了厨师的热情和信心。本来不起眼的一餐变为可口的佳肴。这家快餐店使用的食材可能与街上另一家餐馆别无二致，但那个在厨房里辛苦劳作的人却有足够的热情制作出超出最低要求的菜肴。以后每次当你到访该地时，你定会去同一家餐馆，去寻求同样美妙的体验。现在设想一下同样的事情发生在你所处的领域：一旦你的竞争对手找到改进自身产品的方法，你的企业将面临怎样的局面？

践行完美：贝斯托（Biasetto）

在距离的里雅斯特120英里外坐落着这样一家践行着所

品质至美：
意大利品牌卓越的秘密

有的这些理念的企业：尽可能使用最好的原材料、饱含热情地去创造出令人惊喜的产品以及追求卓越品质的共同愿景将员工紧密地团结在一起。这家企业名为"贝斯托面包店"（Pasticceria Biasetto，以下简称Biasetto），在其专业的厨房内做出了最高级的意大利碎面条，我认为，放眼整个意大利，其都位于最优之列。

Biasetto总部位于意大利北部地区、威尼斯以西的小城帕杜阿（Padua）。莎士比亚笔下的《驯悍记》（*The Taming of the Shrew*）就以此地为故事背景①，但今天这里更为世人所知是因为欧洲最古老的大学之一就坐落于此，此外，圣安东尼圣殿也使这座城市闻名于世。我经常去那里旅行，有的时候和大学生一起，有的时候则以意利公司高管的身份到访。Biasetto使用了众多的意利产品，包括多莫瑞巧克力、达曼兄弟（Dammann Frère）茶叶、泰坦瑞（Taittinger）葡萄酒以及阿吉莫塔那（Agrimontana）果酱。

---

① 然而，没有证据表明莎士比亚确实到访过意大利，如果有当地人声称能够带你去剧中的地点，我建议你谨慎为上［如果你去维罗纳（Verona）参观，也就是《罗密欧与朱丽叶》故事发生的地方，会有导游提出带你去参观朱丽叶的阳台］。

第一章
完美

讲述完美的故事

Biasetto之旅以在明亮的咖啡厅内享用一杯简单的咖啡开始（当然是意利咖啡）。咖啡厅以明快的色彩和现代大面积的印花装饰，在午后的阳光下熠熠生辉。主厨路易吉（Luigi Biasetto）总是能够很快地端上糕点，我通常会选择马卡龙。Biasetto现在制作的马卡龙或许与你想象中的不尽相同。传统的马卡龙展示区总是布满了各种鲜艳的色彩：霓虹粉的覆盆子，深紫色的无花果或李子，血红色的樱桃或石榴，还有深亮绿色的开心果。而在Biasetto，这些颜色变得更为柔和、淡雅。榛果、巧克力和咖啡都呈现出类似的坚果棕色，粉红色略显庄重，而绿色更显轻淡。当新顾客走进来时，他们起初可能会觉得马卡龙有些平淡。但正如那些刚入门的艺术爱好者应该去更多地了解卢浮宫那些不为人知的作品一样，Biasetto的客户也应该去了解路易吉所做的产品的品质，就像他自己所说的那样："我们将自己的作品直接送入客户口中，在享用之前所说的对产品的解释和介绍的那些话，在吃过后都变得次要。因为食物传递出的本味、味道的协调、口感、风味和回味悠长，所有的这些因素都会告

品质至美：
意大利品牌卓越的秘密

诉你答案。"

在柜台后面，服务生们担当起品牌大使的角色耐心地解释所有糕点的原材料都是天然的，没有添加任何人工色素和香料，在制作过程中只使用最好的原材料。如有需要，他们也会提供少许样品供顾客试尝。正如《蒙娜丽莎》一样，糕点的品质很快会显现出来，并赢得顾客的青睐。

路易吉在一个家族企业内长大，并不在Biasetto。他的父亲是一位制鞋匠，和自己的儿子一样，他要求自己努力做到完美。路易吉告诉我他父亲的制鞋工具十分简单，但他做的鞋子看起来却像是在设备齐全的工坊里制作完成的。谈话间，路易吉变得情绪高涨，在他看来，自己和任何其他满怀热情的创业者一样，酷爱自己的工作。他告诉我更多关于他父亲的事，他父亲是一个痴迷于仔细地打磨鞋子的人："毫无疑问，在成长过程中，在童年时期，那些影响我的话萦绕在我的耳边。在3岁、5岁或8岁、10岁的时候，我听到过完美主义，并见证了那些追求完美的态度和行为，所有这些塑造了我的思维方式。"

每次我访问Biasetto时，我都会意识到，完美的实现需要获得所有相关人员的支持：你的员工必须像你一样热爱工作

第一章
完美

和产品。如同本书中讨论的所有企业一样，Biasetto是一家拥有强大创始人文化的家族式企业。路易吉向他的企业倾注了自己所有的热情，他的热爱和信念极富感染力。但这种热情可能是一把双刃剑，他解释道："经行家之手，一切都会变得与众不同。所以对工匠和那些渴望完美的人来说，追求完美是必不可少的。这是一种思考和生活的方式。"

和路易吉一样，我很难理解那些并不热爱自己工作的人。当一个人在一家大公司工作而迷失在芸芸众生之中时，这样的态度或许情有可原。但在一家小公司中，员工的每个举动都至关重要。他们必须坚信自己的工作很重要，并且他们做出的每一次选择，不论竭尽所能还是美国人所说的"应付了事"（phone it in），都会立刻对企业造成严重的影响。

"我很难与那些对工作流于形式、毫不在意的人打交道"，路易吉说道，"工作中总是需要一个控制链，一套等级制度，我对此毫不怀疑。我们对品质的追求在某种程度上是一种正面的人生理念，是对完美的永无止境的渴求。"

"我不仅需要了解我的生产商，还需要了解他们的家庭，还有他们的巧克力庄园，他们住在哪里，他们的父母是谁，以及他们的孩子是如何长大的，这样我才可以了解他们

品质至美：
意大利品牌卓越的秘密

的思维模式，知道他们长大以后想去做什么。

"我经常跟人力资源经理说，应聘者应该与他或她的祖父母一起来面试，这样我才能了解更多。我并不在意他们的父母，而他们的祖父母能够透露更多的实情。尽管这样做很困难，但还是有一些祖父母来到了面试现场。所以，我想，通过这些，你应该能够明白那些拥有正面人生理念的人是如何被发现的。"

路易吉向所有的企业主提出了一些有趣的问题，尤其是那些正致力于创造出具有卓越品质的产品的企业主：你知道管理那些为你工作的人的指导原则是什么吗？你理解那些能够在他们成长过程中对他们造成影响的因素吗？你问了他们哪种类型的问题？哪些共同的影响和理想对你来说至关重要？现在你有一个机会去借鉴意大利人在追求完美过程中的关键要素：寻找与你有共同愿景的人。面见未来受聘者的祖父母听上去有些不可思议。在美国，很少有人和他们的祖父母住在一起，因此这种方法不一定会获得有用的信息。但你可以将这样的理念融入你的面试流程，稍微深入挖掘，去了解坐在你对面的应聘者，而不只是关注他们简历上的那些肤浅的细节。

第一章
完美

路易吉在面试过程中并未对应聘者的受教育程度或经历设限，他想知道的是，这些人是否能够理解对完美的痴迷究竟意味着什么。他们是否会像路易吉那样看待他们的父母或祖父母为了某件事努力不懈直至做到完美？如果不是，那么这些应聘者将永远不会理解路易吉为何会这般劳神费力。后来，路易吉对我说，他更倾向于去聘用那些处在职业生涯早期的人，而不是职业中期的人，因为前者更容易接受他对完美的热情并愿意不断学习。你的招聘需求或许有所不同，但站在人的角度，而不仅仅是员工的角度，去了解你未来的受聘者，你将更有希望找到乐于接受你理想的人。

完美之心

完美可能会有很奇怪的起源。在Biasetto，所有的产品都起始于一种被称为酵母之母的奇怪生物。它是一团无固定形状的物质，颜色发白，散发出一股强烈的苹果醋的味道。它被安置在厨房温暖的角落里的一个大塑料箱内，上面覆盖着亚麻布。这位酵母之母（在美国，它被称为天然酵种面团）几乎是Biasetto使用的所有材料中最便宜的成分，但它却是最

品质至美：
意大利品牌卓越的秘密

具价值和不可替代的。Biasetto的酵母之母的来历不明：没人能完全肯定它来自哪里，但它至少已有90岁高龄了。几年前，Biasetto在布鲁塞尔附近的焙乐道（Puratos）面包风味中心将其登记注册，而这是世界上唯一的酸面团博物馆，旨在保存来自世界各地的各种酵母菌株，在概念上类似挪威斯瓦尔巴群岛（Svalbard Archipelago）上的种子库。

路易吉总会订购更多的面粉、巧克力、咖啡或者果酱。想要替换他的酵种面团会是一件极为复杂的事，在数十年的时间里，酵母被慢慢地培养，每一年伴随着酵母菌株的不断复杂化，酵母的风味也愈发浓厚。在夜里，工作人员会从酵种面团上取下一小块，加入水和面粉，混合均匀后将其置入一个单独的塑料容器中，这次需要将盒子紧紧封闭。为什么要这么做呢？因为当酵母之母有面粉为其供能时，它能以惊人的力量成长：在峰值时，酵母之母可以推动10倍于己的重量，这简直就是一股自然之力。

与所有的魅力企业一样，路易吉深知获取最优原材料的重要性。但他业务的核心是由面粉、水和时间所制成的一种简单的原料，而酵母之母则需要被悉心照料，操作者必须具有一定的经验并对其有足够的了解，才能使酵母继续存活下

第一章
完美

去。这里有一条适用于任何企业的经验教训：完美必须是你的工作的根本所在，你不可能在一个糟糕的地基上建起一栋完美的房子。路易吉的"地基"就是酵种面团，它正被如长子一般进行培养和照料。我们还能从这里汲取另外一条经验：最好的原材料并不总是与成本或稀缺性相关。有时它们仅是指那些质优但又简单的原材料，但生产者对产品工序的深入且充满热情的甚至痴迷的理解，使一切都变得与众不同。

酵母之母很挑剔也很苛刻，当它的要求没有被满足时，它很容易变得十分"暴躁"。路易吉的竞争对手们已经找到了制作面团的更为简单的方法。采用大型工业化生产的面包商会使用天然的液体酵母，它可以在不需要太多照料的情况下保存一个月。这种酵母被置于瓶中并能够保持相对稳定。而一些其他的以偏手工方式生产面包的竞争者则将他们的酵母置于水中保存，在水里，它们也能够茁壮成长而不必像酵母之母那样需要更多的关照。这些更商业化、更标准化的烘焙方式使整个生产流程变得更简单和可预测。没有人为了酵种面团的健康而失眠。就像他们盖的房子有一个可靠的、可预测的地基，但他们的房子自身可能会缺乏个性、魅力或是

品质至美：
意大利品牌卓越的秘密

惊喜。

这位酵母之母是有生命的，它无时无刻不在呼吸。路易吉解释说："如果我从同事那里收到一块酵母之母并把它带到这里，那么第二天它将拥有与同事的原始酵母完全不同的特性。通过酵母之母，品质的理念被传递到产品之中。这就是为什么要有条不紊地'教育'这位'母亲'。我说的是'教育'，因为对于酵母之母而言，每一次揉捏，它都在不断地自我繁殖，不断地传递和转移，它承载着我们的特性、香味和质感。"

如果路易吉使用工业酵母，他的生活或许就会轻松一些。但照料这位"母亲"是他目前最主要的工作：他深知酵种面团的pH不断在变，即使是极为细小的小数点的变动，也会对他的面团和面包造成影响。他最出名的产品，托尼甜面包[①]（panettone），就需要pH为4.2的发酵环境。就在某一年早些时候，他不得不丢弃重达880磅（约399.17千克）的面团，因为准备面团的面包师读错了酵种母团上方木板上的数字。在这种情况下，面团的酸度消失了，尽管客户很有可能

---

① 一种含鸡蛋、黄油和水果的面包，传统上会在圣诞节前后供人们食用，但现在已经变为一种全年皆宜的美食。

第一章
完美

无法察觉到口味的变化，但路易吉还是丢弃了这批产品。

我怀疑Biasetto的顾客不一定真地了解酵母之母的重要性，或者知晓它对他们从Biasetto所购买产品的口味、质感和整体质量能够造成多大的影响。他们知道的是，从Biasetto购买的面包、糕点和蛋糕有特别之处：产品的口感，尤其是弹性与众不同。这种渗入Biasetto每个元素的完美都源于这位可敬的"母亲"。

所以，第一，当你的事业迈出第一步时就必须践行完美。对路易吉而言，正是那些酵母引发了烘焙所必需的化学和生物反应过程。第二，要求你的员工必须完美了解整个流程并认识到它的关键性，以便将所有的杂念弃之一边去维持这样的完美标准。第三，那些廉价、肤浅的、引人注目的配料，包括使用人工色素或香料这些可以很快产生糖分和强烈味道的添加物，都应该被拒之门外，哪怕使用这些东西会使生活变得更简单。第四，应确保你的员工了解你产品故事的所有细节，并能够与现存和潜在的顾客分享。

我选择写下这段描述酵母之母的文字，是因为它是企业追求完美的核心要素。一旦它失败了，其他任何事都难以办成。它喜怒无常，还十分挑剔。一位对它不那么关心的员工

品质至美：
意大利品牌卓越的秘密

可能会往它身上添加氯化水，过度加热它，或是"喂"给它错误的面粉混合物，这些都会对它造成无法挽回的伤害。这位"母亲"有它实实在在的价值：它是Biasetto制作的所有烘焙产品的根。

然而，它还扮演着另外一个角色。我认为这位"母亲"的存在以及它所需要的所有照料，给路易吉经营企业的方式定下了基调。他的员工明白自己所做的每一个方面都需要这种程度的专注。在酵母上投入如此大的心血之后，路易吉创造出了一种关注细节的文化。这种文化已经融入他们所做的所有工作。那些不能或不会理解这一点的受聘者很快就会意识到这份工作并不适合他们。

追求完美会令人筋疲力尽，也是需要付出代价的。如果一个人没有完全的献身精神将难以寻得完美，而这种献身精神可能会使他变得一无所有。

正如路易吉指出的那样："我曾经目睹过一件奇怪的事情，大约10年前，我父亲（作为制鞋匠）决定关掉他的店铺，从那之后，他就再也没有碰过一双鞋。他只是受够了——他太累了，筋疲力尽。现在，我不知道自己会不会变得和他一样，但或许对品质的追求有时真的会令人疲惫不堪。"

第一章
完美

"在艺术领域，也会有相似的事情发生。如果你作为艺术家不能小心翼翼，那么有一天你会被艺术吞噬。许多艺术家也因为他们的疯狂而被铭记，不知疲倦地去寻找某种颜色、创意或外观，最终被吞噬。而我们追求的是完美的口味和呈现。因此，有时候我会告诉自己，你需要明白不是每个人都能到达这样的境界，要去接受他们的局限性，因为不这么做，你的生活会变得很糟糕。"

追求卓越是要付出代价的

当你考虑如何在自己的企业中追求完美时，请考虑以下几点：

- 你企业中的哪个元素是完美的基石？如果你无法识别它，请花一些时间仔细思考并确定你的工作中哪一项元素是基础性的，以至于缺少这一点其他工作就无法顺利开展。
- 你是否能够确保你的员工充分认识到他们个人对于追求完美的重要作用？如果答案是"否"，你应该如何

品质至美：
意大利品牌卓越的秘密

改善这一点？

- 你对企业和产品的热情与你对生活品质的需求是否平衡？如果你的家庭生活不那么愉快，这将不会给你追求工作上的完美带来任何好处。尤其是当你希望创建一个跨代的家族企业时，这一点尤为重要。
- 最后：你是否正在向你的客户讲述一个关于你产品的故事，去说明你的工作的本质旨在创造出最令人赞叹的、最让人意想不到的和最高级的品质？

第二章
一致

或许你想知道为何我会将"一致"这个词视为魅力企业的一个关键要素。毕竟,"有逻辑的"、"理性的"或"可预测的"这些传递类似含义的词汇都可以用来定义企业要想获得成功所必须坚持的一系列行为或目标。我选择使用"一致"一词是因为它暗含了一种意识或精神:它既是一种生活方式,也是组织企业的一种战略。例如,一致是我人生中的某种指南,无论是在工作中还是在休闲时间。我相信那些简单的理念并去完美地执行。意利公司就是建立在这样的原则之上。我们所做的每一个决策都能够反映这一点。的里雅斯特附近的高原上有一个村庄,我的家人就住在当地一座简单

品质至美：
意大利品牌卓越的秘密

但很漂亮的房子里，从那里我们能看到大海。我们并不相信某些社会风俗：我结婚时穿着蓝色牛仔裤和运动鞋，我的妻子也穿着蓝色牛仔裤。我从不系领带，也会避开那些需要这么做的地方。但是，我们穿的衣服不仅漂亮而且品质极好。

我所做出的选择，不论是我的着装还是我的生活方式，都反映了我管理意利公司的方式。从我醒来的那一刻起，我的行动和内心所思就已经实现了一致，我迈出的每一步，不论看上去多么无关紧要，都朝着同一个方向。这似乎看起来毫不相关，但这就是所谓的"纵向一致"（vertical coherence）的一种形式。也就是说，你的短期目标与长期目标保持一致，而后者则与你希望你的人生（或企业）想要讲述的全部故事保持一致。当你是一名受聘者时，"一致"对于你在工作和生活中抱有的雄心壮志极为重要。而当你身居高级管理层并为整个组织的发展定下基调时，这一点会变得更加重要。

此外，横向一致（horizontal coherence）也同样重要。这表示你生活中的物品——你开的车、你购买的食物、你办公室所处的环境，甚至是工厂餐厅内倾向于可重复使用的玻璃器皿而不是一次性塑料制品，都会反映出你生活的基本信

第二章
一致

念。一切都是一致的,所有的事物都讲述着同样的故事。在法国有这样一种表述:"贵族义务"(noblesse oblige)意指贵族必须举止得体,表里如一,他们的家庭、衣着、餐食以及行为举止都必须与他们的地位相称。

我知道,许多企业几乎没有足够的时间或者资源去落实一天这样的行为,更不用说关注全局性的愿景了。你或许缺乏人手,可能已经将多个职位的多项工作合并在一个岗位,这足以完全耗尽你公司的员工的生命。压力使你不得不妥协或走捷径,这可能意味着你整天的行为完全不一致。创建一套一致的体系起初会令人感到非常痛苦,在后面的几页中,你将读到我们曾在意利公司采取过的重大举措,目的是使我们所有的产品都能够协调一致。如果做不到一致,你的品牌的力量会被减弱,你的员工会感到疑惑和茫然无措,你的产品也会变得与竞争对手的产品别无二致。

在第四章中,我们将讨论真实以及创建你的品牌故事和品牌传承的重要性。在此过程中,两种一致即纵向一致和横向一致,都极为重要。意大利人珍视那些真实的品牌,因为我们对它们多年来展现出的一致性而感到放心。我们相信自己购买的产品,因为我们的祖父母也信任它们。这种个人的

品质至美:
意大利品牌卓越的秘密

联系指引着我们如何从货架上挑选一盒意面或选择一双鞋。建立这样的信任需要稳定性和一致性。当你在空间和时间维度都优先考虑一致时,你就是在身体力行如何讲好故事。

纵向一致意味着你多年来的行为保持一致。

横向一致则表示你所有的日常行为都能够相互协调一致。

一致性将给你带来长期的回报。如果你的企业是"快闪店"[①],那么一致对你来说可能就不那么重要了,因为你的顾客知道六个月内你将不会再出现,所以他们不会去关注你的长期愿景。但如果你致力于创建一家具有长远发展前景的企业,那么你就必须从开业的第一天起践行一致性并建立信任。

践行一致的意大利小企业

我认为规模较小的意大利企业在贯彻一致性方面在全球范围内是独一无二的。在遭受第二次世界大战的破坏后,意

---

① 快闪店,指一种在同一地不会久留的品牌游击店,指临时性铺位。——译者注

第二章
一致

大利实现了蓬勃发展,部分归功于马歇尔计划①的支持。当时,我们年轻的农村人口被迁移到都灵(Turin)、米兰和帕杜阿等北部的制造业大城市。这些新来者继续保持了他们对一些简单但又完美的乐趣的热爱:鲜榨橄榄油、手工皮具、自制腌肉以及简洁但又做工精良的衣物。他们很快就找到了可以为他们销售食品和货物的现存的小企业,而关于这些新商品的品牌也应运而生。今天我们看到的这些企业,比如,领带制造商E.马里内拉(E.Marinella)、制鞋商芮妮·乔薇拉(René Caovilla),以及开胃酒酿造商布劳略(Braulio)或科科(Cocco),都非常关注自己产品的品质并维持生产这些商品所必需的供应链。

尽管这些企业销售顶级的产品,但你肯定没有听说过它们。商品只在它们自己的直营店内销售或有限地分销到周边地区,它们也不会在市场营销或广告上耗费精力。为什么不这么做呢?首先,这些企业都是家族经营的,它们一直在生产同样的产品并在两代、三代甚至是十代人的时间内始终在

---

① 马歇尔计划,指欧洲复兴计划,是美国在第二次世界大战后为西欧国家提供经济援助、协助重建的计划。——译者注

品质至美：
意大利品牌卓越的秘密

讲述相同的产品故事。其次，它们的业务是赢利的，但利润没有高到可以允许它们轻松地投资耗费巨大的活动，或者拓展新的市场，抑或开发新的产品。它们反而专注于保持连贯和一致，依靠现有的客户向他们的后辈推荐自己的产品。

我们可以用这样的方式去经营企业并将其发展壮大，但危险是，在这个过程中我们将丧失那种一致性以及对我们是谁、我们要做什么事情、为什么要这么做等这些问题的统一理解。这些当地的企业能够生存下来，是因为意大利人对品质的重视。它们深知如果能够在几代人的时间里把一件事情做到极致，那么它们将能够保住自己产品品质的声誉并为自己扬名。这些小企业发展壮大的机会并没有被充分利用，这些家族反而仍然固守着一个地方，继续维持小规模，但它们却可以生存数十年甚至数百年。

与之相反的是，美国企业经常因为对企业的职能存在根本的误解而处境艰难。它们认为快速增长比一致的理念更为重要。它们没有花费时间与客户建立信任，或者当它们有机会降级服务或涨价时，它们很快会牺牲这种信任。像优步公司（Uber）这样的企业会使用峰时价格或者将司机归类为"独立承包商"等策略，以牺牲客户和受聘者的利益来换取

第二章
一致

自己的利益最大化。它们没有去建立一种信任文化，而造成的这种局面会使一些相关方感觉自己遭到应用程序的粗暴对待并对其失去信任。

满意的客户将是忠实的长期消费者。他将继续购买企业现有的和新上市的产品，并将自己所知的传播给越来越多的消费者。同样地，一个幸福的员工会是一个长期的受聘者，他会积累起有关企业业务的各种宝贵知识，并用他自己的经验和洞察力来维持企业的稳定和健康。

换一种方式去思考一致

当我向我的学生讲述一致的概念时，我经常借助于我的另一个爱好：音乐。首先，试想一首不协调的曲子，会让人听着很痛苦。这首曲子里没有任何优雅的曲调，甚至都找不出两个协调的部分。与之相比，古典音乐不仅听起来很悦耳，还能刺激大脑皮层中的神经细胞，触发大脑中负责论证和思考等高级功能的部分。古斯塔夫·马勒（Gustav Mahler），被认为是最早的现代古典音乐作曲家之一，他是我最喜爱的音乐家，我尤其喜欢他的第九交响曲。无论你选

品质至美：
意大利品牌卓越的秘密

择他的哪一首作品，它都是关于马勒的整个故事的一部分：讲述他是谁、他生活的世界以及他对这个世界的看法和他做出的反应。

再举一个时代更近一点的例子，美国作曲家菲利普·格拉斯（Philip Glass）的整个职业生涯都致力于探索和声的调性和不断重复相同的音乐结构所带来的力量。尽管与马勒完全不同，但同样有效。虽然二者差异明显，但他们都蕴含着深刻的一致性。你可以挑选他们生涯中任何时间点的两首作品，去了解二者之间的联系。我对自己企业设定的目标与之类似：我希望客户无论从哪个产品线任意挑选出的两件产品，将它们并排放置，都可以看到它们之间的一致性。如果客户喜爱我们咖啡的品质，那么他们将同样会对我们的葡萄酒或巧克力充满信心。原因在于我们所有的品牌都能反映出相同的"短配方"的理念，即以最少的配料实现最优的品质。我们的客户相信我们的每件产品都能传递出一致的体验。

有些消费者对我们的产品并不感兴趣。那些不喜欢我们的巧克力而偏爱更甜的味道或新奇口味的人也很可能不会对我们的其他品牌感兴趣。他们也不会优先去做我们所做的事

第二章
一致

情,这没关系。一致的一部分是要求你去明确你是谁以及你代表什么。有一点是无法避免的,那就是你所代表的不会令每个人都满意。

当一致被打破时

2018年8月14日,在热那亚(Genoa)一片居民区上空通行的一座悬索桥——莫兰迪桥发生了垮塌,造成43人死亡,600人瞬间变得无家可归。这是一个极为令人震惊的时刻,造成的影响与2001年9月11日发生在美国的恐怖袭击事件类似。我和我的同事们聚集在电视屏幕周围,大家都大为震惊。这座大桥修建于20世纪60年代,由混凝土制成,这是我们意大利人自罗马时代以来一直引以为傲的材料。看到它这样崩塌,我们的内心是极为痛苦的。对于每一个意大利人而言,这感觉更像个人的失败。更令人震惊的是,这座桥是由意大利制造业中最受信任的企业之一贝纳通集团(Benetton)旗下的子公司管理的。

如果在1967—2000年的任何时间,你年纪尚轻且追求时尚的话,你有很大可能会穿着贝纳通品牌的衣服。他们

品质至美：
意大利品牌卓越的秘密

的毛衣设计前卫、色彩亮丽，颜色和图案与整套服装极为协调。20世纪80年代，在米兰的青少年中流行"帕尼拉诺"（paninaro，以他们喜欢吃的一种三明治的名字命名）风格，他们会穿着贝纳通、芙蓉天使（Fiorucci）以及其他品牌的衣服，以这样的方式来表达他们对20世纪70年代的动荡和政治公开化的拒绝。全世界各地的广告牌上都展示着奥利维耶罗·托斯卡尼[①]（Oliviero Toscani）拍摄的照片：跨种族的情侣、一名死于艾滋病的活动家、一个刚出生还未来得及清洗、带着完整脐带的婴儿。数十年以来，贝纳通品牌一直引领着欧洲的时尚：设计风格大胆，营销方式充分激起人的购买欲望，特许经营单一品牌的商业模式行之有效。

然而，贝纳通品牌却在快时尚兴起后陷入困境。尽管它在20世纪80年代率先开创极速胶囊系列（Capsule Collections），但与飒拉公司（Zara）和亨内斯-毛里茨集团（H&M）相比仍然很慢。贝纳通公司生产的产品品质更高，将那些购买特价商品来每周更新自己衣橱的购物者排除在

---

① 奥利维耶罗·托斯卡尼，意大利摄影师，以在1982年到2000年为贝纳通集团设计的一系列充满争议的广告而闻名。

第二章
一致

外。2013年,孟加拉国达卡(Dhaka)的拉纳商业中心大楼倒塌,导致贝纳通公司的一家工厂被摧毁,造成数百人丧生。企业还以略带争议和不一致的方式进行扩张,包括一项涉及阿根廷土著居民的土地交易,有些人将此举视为对当地人的不尊重。

到了21世纪初,贝纳通公司不再去讲述关于它是谁和它对顾客意味着什么的一致性的故事。那些极具特色的毛衣也不再位于它的优先考虑之列。更糟糕的是,品牌最初的定位建立在经过深思熟虑的刺激之上,旨在促使人们变得更加包容和开放,但这样的理念在多样化后与"贝纳通"的含义不再一致。贝纳通家族通过旗下的建筑部门控制着超过2000英里的收费公路。可叹的是企业不再专注于生产更多的毛衣,卢西亚诺·贝纳通(Luciano Benetton)也坦言,对其核心品牌而言此举就像是"从引水渠中取水"。如果贝纳通当初没有将自己注意力放在拓展不相关(即使有利可图)的副业上,而是更专注于应对Zara带来的挑战,或许它仍然会是全世界的年轻人和有志向的人士钟爱的服饰品牌。

品质至美：
意大利品牌卓越的秘密

一致需要牺牲

1977年我刚开始在意利公司工作时，我们遇到了与贝纳通公司面临的相似问题：企业的发展与创始人的愿景脱节。意利公司当时供应多种混合咖啡和单品咖啡，都相当成功和受欢迎。但这并不是我们祖父的梦想，他一直想制作世界上最好的咖啡，因为他相信人们总是会去寻找更好的产品，并愿意为此花费更多钱。然而，直到20世纪70年代末，只有一款产品"咖专家"（The Speciality）与这样的战略保持一致，并朝向简单完美的正确方向发展。The Speciality（现在简称意利咖啡）占意利品牌的产品销售额的不到50%，但我们很清楚意利公司需要专注于一款一流的产品而不是十几款好的产品。

与我之前描述的那些小企业不同，我的家族拥有足够的资源和雄心使意利公司成长为全意大利品牌和国际品牌。但我决定摆脱除The Speciality以外所有的混合咖啡时，我把自己置于那些潜在客户的立场上去思考问题。他们为什么要从一家数百英里甚至数千英里以外的企业购买咖啡？答案是显而易见的，只有当我们能提供当地其他从业者难以企及的

第二章
一致

品质时，客户才会去购买我们的咖啡。意利品牌的其他十多款混合咖啡与当地其他从业者供应的产品类似，只有The Speciality与众不同，没有其他产品能够与之匹敌。

我们深信保持专注是极为重要的，同时为不同的客户提供不同口味的多种混合咖啡产品将使我们无法用品质的理念去定位自己的品牌①。正如我们曾为酒店、餐馆或者咖啡店提供混合咖啡，我们力图提供"适合每个人"的产品，但这导致我们并没有朝着我们想要的方向持续前进：成为一个以无可挑剔的品质而闻名的强大品牌。我作为销售人员提出的第一个提议就是停止生产除The Speciality以外的所有混合咖啡，使用100%阿拉比卡豆，并完全停止生产茶叶。阿拉比卡咖啡的价格大约是竞争对手的混合咖啡的2倍，根据我们的战略，我们要生产出全世界最好的咖啡，产品价格也会高于大多数竞争者。

这样的抉择并不是特别受欢迎。与很多家族式企业一样，我的许多直系亲属都依赖企业的固定收入。我的决定可

---

① 如果你想了解更多，请阅读《杰克·特劳特的经典定位：思想之战》（*Jack Trout's Classic Positioning: The Battle for Your Mind*）。

品质至美：
意大利品牌卓越的秘密

能会导致我们的收入在一夜之间减半，这样的举措似乎充满风险，但我觉得自己有责任提出这样的解决方案。我的直觉告诉我，意利公司当时是一家没有遵循一致性的企业，对客户而言意利咖啡并没有什么特别的，而且面临着被其他更具特色的品牌所取代的危险。在将我们的产品线减少到只保留一款真正重要的产品时，我们开始以更一致的方式去讲述关于我们是谁的故事。同样重要的是，我们的受聘者能够理解意利所代表的简单、始终如一的完美。现今我们咖啡的销量是20世纪70年代的20倍，而我们只用1款产品而不是用20款就做到了这一点。

这里有一个有趣的转折：我的长期目标曾是通过多元化经营来使企业发展壮大（我们最终于21世纪初期开始企业的多元化进程），但我们最先做的却是收缩，将所有与意利公司既定发展理念不相符的产品淘汰。我深信意利公司可以发展成一个真正的全球化品牌，但要做到这一点，意利公司就必须成为某种东西的代表。我祖父的梦想是生产出世界上最好的咖啡，在1933年企业刚创立的时候，他还以同样的品质目标去生产巧克力，同时他还经营着一家农场，种植果树用于生产果酱。第二次世界大战迫使他放弃了这两项业务，战

第二章
一致

后，他只继续生产咖啡。

你可以将这样的想法纳入你自己的战略中。你的企业代表什么？你对客户的承诺是什么？对我们来说，就是要始终提供每个领域最好的产品。对你而言，问题的答案可能会是另一种价值——或许是可靠、创新、魅力，抑或创造出"经典"、永不过时的产品。接下来需要考虑的问题是："我所做的每一个决定，不论是在生活中还是作为企业的决策者，是否都朝着同样的方向？"如果答案是否定的，那么你可能要去考虑放弃那些有损于一致性承诺的核心目标的元素。一旦你精简了你的产品（或者是你经营业务的方式），直到所有一切不论是在横向还是纵向上都能保持一致时，你的企业就可以开始以更合理和系统的方式进行扩张。

一致的定价

我将向你介绍另外一种你可以利用一致性的力量的办法，这将帮助你的品牌领先于那些不那么一致的品牌。大多数魅力企业都试图在所有的分销渠道中保持统一的定价。一般而言，注重品质的客户愿意为考虑之中的产品支付合适

品质至美：
意大利品牌卓越的秘密

的价钱（至少比那些主要被价格所鼓动的客户更愿意这么做）。但当这些客户在网上或其他店铺找到那些价格略低的魅力产品而被动消费时，他们可能会背离自己购买这件产品的初心。

魅力企业通过在所有的渠道保持稳定的价格来有意避免这种情况的出现。这可能意味着商品不会在大型和受欢迎的网站上销售，也会尽可能地避免假手于第三方。关键在于要去避免"逐底竞争"，有不少品牌已经深陷其中。所以，如果你的产品品质上乘，就要去避免通过降低价格进行促销。这样的策略无疑会将客户的注意力从你最初的销售主张上转移开，即你的产品品质以及你对一致性和连贯性的承诺。如果你的产品在个人拥有的店铺内出售，那么你的"故事"或者产品的形象将几乎完全取决于店铺的主人（这就是意利公司不常向那些不能体现公司标准和理念的企业提供诸如标志等品牌材料的原因之一）。

最后一点，高定价可以使客户更容易相信你的产品具有高品质。反过来，当定价过低时，你很难说服你的客户相信你的产品具有高品质。但当你生产的是日用品或是服务导向型产品时，这样的策略将不会奏效，因此要选择与你的业务

第二章
一致

性质最为契合的策略。

在第五章中,你将了解到巴西的寒冷天气是如何重创那些为我们供应咖啡豆的咖啡种植园的。我们不得不为我们依赖的阿拉比卡豆支付更多的费用,事实上,阿拉比卡豆的价格几乎翻了一倍。我们无法自我消化这种程度的成本增加,所以我们不得不涨价。即使后来生咖啡的产量再次增加,价格稳定下来,我们也没有把定价恢复到之前的水平。相反地,我们将价格保持不变来避免日后一次又一次的涨价。我们的定价并没有随着成本的变化而波动,而是我们一旦涨价,价格将在很长的一段时间内保持稳定。当你的产品的品质提高后,保持稳定和可靠的价格比维持一个飘忽不定的、难以预测的价格要好得多。

多莫瑞和一致的扩张

当你在更大的市场扩张时,稳定、一致的定价也将助你一臂之力。我们所有的产品都具有极优的品质,因此它们的价格也都基本一致。以完全不同的价格点将一个品牌加入我们的业务中是没有任何意义的。到了20世纪90年代,我一直

品质至美：
意大利品牌卓越的秘密

希望实现我祖父的另一个愿景：找到一家使用"短配方"的巧克力生产商，其产品能够反映意利公司的理念并能够丰富我们的品牌家族。简短的配方这样的理念被贯彻到我们做的所有事情之中。正如它的字面意思，我们制造的所有产品都力求使用最少的配料。我们的果酱里只含有水果和糖分，我们的葡萄酒也不含任何添加剂。我们的茶叶由整叶制成，以此杜绝任何被污染的风险。而现在我们正在寻找一家巧克力生产商，我坚持我们收购的任何企业必须能够反映意利产品的价值：必须使用简短的配方，能完全控制供应链，使用尽可能简单的生产方法，能够对可持续性做出相应承诺，以及为了保证品质，要能够使用极为精细的原材料以便在较低的温度下进行加工。

此外，要收购的企业由家族管理和经营也同样重要，这样它就能够认同我们所坚持的愿景即缓慢、负责任的增长和保持品质高于一切。我们发现多莫瑞公司（Domori）就是我们要找的，这是由一位年轻的经济学家詹卢卡·弗兰佐尼（Gianluca Franzoni）所创办的一家小型企业。他满怀热情地致力于复兴原产于委内瑞拉的克里奥罗（Criollo）可可豆。我们收购了多莫瑞公司，并安排弗兰佐尼继续担任企业

第二章
一致

的董事长。为了与意利的理念保持一致,我们决定继续沿用弗兰佐尼曾使用的独特的可可豆加工方法。我们保持了简化的供应链和生产流程,壮大了与委内瑞拉的可可种植者合资的企业,并在厄瓜多尔复制这样的品种,专门为我们种植特级克里奥罗可可豆。我们还对生产线进行完善以便完全展现原材料的品质:因为它们具有极为优异的品质,以至于我们可以在比竞争对手低20%的温度下烘烤它们,同样地,我们能够使用专门的设备在更短的时间内和更低的温度下精炼(conch,本质上是一种提炼方式)它们。

使用这些极为稀有的高档可可豆的乐趣在于:一般而言,对于那些较小的可可豆品种,比如佛拉斯特罗(Forastero)可可豆,都会以高温烘烤去除可可豆中的不良风味和常出现的挥发性酸味。然而,这种在高温下重复提炼的过程同时也会去除可可豆的好风味。在提炼过程结束时,巧克力几乎失去了所有的风味,最后只能通过添加调味剂和其他成分来使巧克力变得美味。你或许会想我描述的这些只发生在你会买给孩子的低档巧克力上,但实际上,即使是那些摆在美国超市货架上的,你以为具有"更好品质"的欧洲知名巧克力品牌也会使用同样的方法。我们的策略是采购最佳的原材料以保留

品质至美：
意大利品牌卓越的秘密

其品质，而不是去消除或替换缺陷。但是，既然我们以品质为出发点，那么每个过程的每一步就必须围绕保存品质、风味和口感进行，而不是去隐藏不良成分或添加新成分。

对于任何决心创造出具有魅力水平的品质的企业来说，有一条重要的经验教训需要牢记：

所有的各种因素，诸如原材料、供应链和可持续性，都是必不可少的。但你的生产过程，特别是你在最后一步所做的事情，可以使你的产品品质实现巨大的飞跃，从平均水平提升到与众不同，或到达魅力水平。相反，如果你在最后一步处理不当，也会对原材料的优异品质造成破坏。

我们的工艺使我们能够保留巧克力的最佳风味。大多数的巧克力制造商对我们采取的低影响工艺不感兴趣，但这对我们来说是值得的。我们在一个真空的房间内熬煮果酱，这样我们就能够以相对较低的140华氏度（约为60摄氏度）而非210华氏度（约为98.89摄氏度）对其进行加工，相比之下，大多数果酱制造商都是在普通大气压下熬煮果酱。同样地，正因为他们没有使用最好的水果，所以不会觉得工

第二章
一致

艺有多么重要。他们的产品风味不够好，也不必使用和我们同样的方法去保存。

要想在企业里创建一致性，你必须要先清楚地定位你的使命（你想在市场里扮演什么样的角色）和战略（你想怎样去实现你的目标）。我们所做的一切都是将最好的原材料和最佳的加工工艺结合起来，我们的生产流程和产出的产品一样，全面践行一致性。

最后要做的就是找到并修正不一致的因素。多莫瑞巧克力的生产方式与这些大的巧克力生产商所使用的方法有着本质上的区别。我们的方法无法消除佛拉斯特罗可可豆里的"异味"。此外，即使我们的竞争对手也使用克里奥罗可可豆，他们也无法制造出好的产品，因为他们的加工工艺无法保留原材料最佳的风味。还记得我所说的纵向一致吗？我们为多莫瑞公司设定的短期目标和长期目标保持一致：创建一个蕴含一致性理念的系列产品并共同讲述一个关于意利集团的吸引人的故事。但有一点需要牢记，那些大品牌也是在践行一致性的，不能因为它们与意利集团有不同的目标，就以为它们所做的事情或做事的方式存在根本的错误。它们只是为成为具有不同愿景的一致的企业而努力。

品质至美：
意大利品牌卓越的秘密

像多莫瑞公司这样的魅力企业的哲学是不可能与大众市场企业的哲学相融的。同理，尝试以根本不符合意利精神的方式去经营一家子公司也是毫无意义的。如果我们愿意做出妥协或在生产方式上做出根本的改变，多莫瑞公司或许能够更快地发展。但我们走了一条相反的路，开发出我们自己的内部技术来处理可可豆。

2011年，多莫瑞公司决定进军新的领域，为糕点铺和冰激凌店提供专门的巧克力。我们设计并制造了一条全新的生产线用于生产具有"多莫瑞风格"（高浓度风味）的和满足技术要求（例如，将巧克力融入烘焙食品中所必需的流动性）的专业化巧克力。新的生产线建成后，巧克力的品质极佳，但其流动性却很慢。在与设备供应商共同奋战几周后，我们仍然难以找出解决办法，只能通过增加成分的方式来提高巧克力的流动性，但这样的举措和多莫瑞产品的短配方政策相冲突。在决定聘请一位曾就此问题撰写过论文的工程系学生后，我们终于找到了解决方案。他建议我们使用两台双气缸的精炼机而不是单台10气缸精炼机，在我们采纳此方案后，巧克力的流动性相比最强的竞争对手的流动性水平有所提升，还能保持更高浓度的风味。

第二章
一致

　　一致并不总是一条最简单的路径（尽管从字面上看它确实是最直接的，总是朝着同样的目标前进）。对于意利集团而言，一致性是至关重要的，因为它为我提供了一条决不可违背的原则去指导我们所有的行动。我深知我做的每件事都必须以短配方去获取尽可能高的品质为目标，这始终是我做任何决定要考虑的首要因素。我强烈建议你去定义你的不可违背的一致性原则。当你考虑对企业做出任何改革的时候你必须回答的第一个问题是什么？问题的答案必须是什么？一旦你确定了这个问题和它的答案，你应当使每个受聘者都了解清楚，不论是清洁人员还是高级管理层。

第三章
美

对设计和美的热爱已经植根于每个意大利人心中。罗马人用马赛克艺术装饰他们的别墅,这种镶嵌画的颜色和图案错综复杂,描绘的可能是一只脖颈呈完美渐变绿色的鸭子或是一只偷取一串葡萄的兔子,眼睛正在淘气地闪烁。这些作品今天看起来仍然令人赞叹不已,鸭子的羽毛仍然闪耀着光芒,兔子的胆量仍然使人惊叹,即使创作作品的艺术家和画中的动物,连同他们背后的整个文明早已逝去。在我看来,美就是和谐。这种色彩融合在一起的方式营造出的意境比散文表达得更清晰,这样的美也是富有感染力的。的里雅斯特的海滨朝向正西,傍晚夕阳散射出的玫瑰红色和金色的光晕

品质至美：
意大利品牌卓越的秘密

会照亮整个城市，经过水面和建筑物的反射，更为城市涂上一层奇异的光芒。这美妙的经历给人带来深深的触动。人们会感受到一种复杂的爱，对一个地方的情结难以用言语来表达。我喜欢将这样的美看作生命中的盐，虽然没有它我们也能够继续存在，但我们将无法去经历一个完整的人生所必定包含的喜乐悲欢。

我认为意大利设计师和企业将美放在优先位置是有原因的，他们将设计精美的、能够引起情感共鸣的和在视觉上令人愉悦的产品视为自己工作的优先方向。我们生活在一个本身就极为美丽的国家，在这里，你能领略各式各样的美景：耸立于翠绿的山谷之上的、多洛米蒂山的崎岖峭壁；被葡萄园覆盖的平缓小丘；波河（Po）和台伯河（Tiber）流经的优美平原；还有岩石密布、崎岖不平的海岸线，被一些小沙滩所隔断，沙滩上面整齐排列着一排排鲜亮的沙滩伞。狂野和岩石密布的伊奥利亚群岛（Aeolian archipelago）——对大多数游客而言，这里太小了，而对于居住在大城市的大部分意大利人来说，这里又过于遥远，但此地却汇聚了这个国家所有的美景。我们在购买的产品中寻求美，或许是因为我们习惯于被大自然中的美所包围，抑或我们致力于创造出美丽的

第三章
美

产品,不论是家具、衣服、其他各式家居物品还是汽车,都是为了表达对大自然母亲给予我们这些礼物的感激之情。只要去看看意大利人的着装、房子、汽车或者摩托车,你就能够理解他们对于美的热情。

美的存在或者缺乏可能是影响意大利人决策的关键性因素。例如,虽然我很喜欢在山上或者沿着海岸线散步,但我不会穿勃肯牌(Birkenstocks)的鞋子。这个品牌的鞋子确实十分舒适,当你来到水边时,鞋子也很容易被脱下,或者在高海拔地区天气变冷时,穿袜子也十分方便。人们几乎可以穿同一双鞋去应对任何气象条件。但是他们的鞋子不符合我的审美观,以至于我无法说服自己去买一双,即便是他们的鞋子会短暂流行(偶尔也会发生),纽约或巴黎所有时髦的年轻人都突然穿上了这种鞋。无论全球的流行趋势如何变化,都很少能看到意大利人穿这种鞋子。

有些人和某些组织对美的敏感度很低。这种敏感度的分布就如同一条钟形曲线①:在中心,你会发现大多数个人或者企业对美和美学的敏感度能够达到平均水平。曲线的两端

---

① 又称为贝尔曲线,指的是描述正态分布的曲线。——译者注

品质至美：
意大利品牌卓越的秘密

呈现出极端的结果，少数人对美的敏感度较高或较低。事实上，他们对美的忽视并不意味着他们不会在其他技术方面尽心尽力。勃肯牌凉鞋非常舒适，用最好的原材料制成，做工精良，至少我只是觉得它们不好看而已。

有关美的另一个要素是：它是主观的，它会形成一种以美为先的观点。即使你加强了与那些品位和你相符的客户的关系，但当你在强调这些如此个人化的事情时，你可能不得不冒着疏远潜在客户的风险。鉴于此，意大利的家族企业在对什么是美形成清晰的观点后，会确立明确的自身定位。它们虽然规模小，但足够出名，能够在市场上明确自己的定位，去反映企业拥有者和设计师真正热爱的东西。

黄金分割与奇异之美

古希腊人一直对于Kalon[①]，或是精神上或物质上的美的

[①] Kalon，源于古希腊语，意指精神上或物质上理想的、完美的美。——译者注

第三章
美

概念争论不休。亚里士多德曾用"黄金分割"[①]来评估所谓的幸福生活的方方面面,并用其来确定过度和不足之间的完美中点:一盘既不冷也不热的食物,一栋既不大也不小的房子,一幅既不过于夸饰也不会太过陈腐的艺术作品。这确实是一个很好的例子去展示如何过一种恬静的生活,同时也是一条通往魅力愿景的路径,为人们呈现精致的、完美的美。这可以是一套剪裁完美的阿玛尼(Armani)服装,或者是一套产于奥芬戈(Orfengo)的精致考究的桑博奈(Sambonet)餐具,产品本身去除了所有多余的修饰,显得极为均衡。

其他的哲学家将美视为一种品质,不过多地在意其外表而更关注Summetria[②],就是指"好的""合适的",或者说是"合适的比例"。还有一些哲学家则更在意功能性,认为木质的勺子比金质的更美,因为前者更符合它的用途。苏格拉底在《斐莱布篇》(*Philebus*)中讲道:"如果我们不能以一种形式捕捉到善,那我们就必须将三种形式结合起来去

---

① 黄金分割,指黄金分割点,由古希腊数学家毕达哥拉斯提出,黄金分割被外界认为是最能引起美感的比例,是分割万物的最佳比例。——译者注
② Summetria,拉丁语,源于古希腊语,指对称,成比例。——译者注

品质至美：
意大利品牌卓越的秘密

获取：美、比例和真理。"

由此我们可以认为，要想具有真正的美，尤其是在你想把某样产品销售出去的情况下，你创造的产品本身必须具有足够的吸引力。更重要的是，你需要诚实地说明产品的性质、成分和来源，并使之符合客户的需要和当前的市场情况。从魅力的角度看，我认为这些古代的哲学家建议我们在获取原材料和制造过程中践行可持续性，并与我们的客户坦诚相待。

我想补充一下我自己的感悟：真正的美会让我们感到惊喜，当我们看到它时，喜悦之情会油然而生。这就涉及如何实现微妙的平衡。自2015年亚历山德罗·米凯莱（Alessandro Michele）被任命为古驰公司（Gucci）创意总监以来，古驰公司就开始专注于野性、过度镀金和极尽华丽装饰的设计风格。这是一种极具个人色彩的对美的愿景，有一点令人尴尬，有时甚至会显得有些俗气。古驰服装的本次迭代，其变化对模特来说似乎显得有些太大，有时也不是那么实用。尽管如此，直到最近，它们的产品始终与品牌所代表的和客户想要的保持完美的一致。但当流行趋势发生变化后，古驰品牌的销售额出现下滑：米凯莱从自己的愿景略微回收，服装

第三章
美

图案变得温和，去除了一些互相冲突的色彩层次。他那独特的理想的美是否能继续吸引和取悦他的顾客，还有待观察。

在意利集团，我们致力于创造出始终如一的美的愿景，并在此基础上增加新的元素，为客户带去惊喜和喜悦。我们有两种形式的包装：一种是用来向客户出售咖啡的金属罐，另一种是用于供应一人份浓咖啡的杯子。我和我的哥哥弗朗切斯科（Francesco），意识到我们需要对我们的杯子进行差异化设计，因为在咖啡馆内，这些杯子就代表着我们的品牌和包装。经过多次尝试，建筑师马泰奥·图恩（Matteo Thun）终于找到了完美的杯子外形，他将杯子视为一件艺术品来设计，把杯子放在高高的茶托上，圆形的杯把令人印象深刻。

弗朗切斯科随后说："为什么我们不把这些杯子'斯沃琪化'[①]（Swatchize）呢？"于是，我们便委托著名画家桑德罗·嘉（Sandro Chia）和詹姆斯·罗森奎斯特（James Rosenquist）在杯子上作画。第一批意利艺术收藏杯于1992

[①] 此处指瑞士斯沃琪（Swatch）手表为了践行其差异化竞争战略，与知名艺术家展开合作，赋予其产品特立独行、标新立异的意义，使斯沃琪手表在追求时尚的人士中大受欢迎。——译者注

品质至美：
意大利品牌卓越的秘密

年问世，新品系列上市以后，每年都会生产。一只艺术收藏杯的价格略高于传统的杯子，但相比新咖啡杯带给人们的乐趣而言，这点差异可以忽略不计。有些时候顾客甚至过于喜欢新咖啡杯，在离开咖啡馆时顺手就把杯子带走了。还有一位女士甚至连浓咖啡都没有喝，就直接把杯子放到她的包里。正是得益于这些杯子，我们才能够告诉客户："你正在享用极为特别的东西。"最后，我们疲于无休止地制造那些被盗的杯子，转而提供限量版的杯子以供出售。

这种策略有时候被归类为情感化的设计[①]，即产品设计师通过创造出能够使消费者内心深处感到愉悦的产品或体验，来促使其购买该产品，并使消费者能够对该产品保持长久的喜悦感和好感。这种理论的追随者通过融合发自内心的、情感化的和深思熟虑的设计，在营造出一种愉悦感的同时也能够为客户提供完整的体验。当然，在我们着手设计我们的杯子时，我们是以合乎逻辑和有条不紊的方式推进这项工作的。意大利人对如何展现产品中的美有自己独特的方

---

① 如果你想了解关于此理论更多的信息，你可以从《唐·诺曼的情感设计》(*Don Norman's Emotional Design*)入手。

第三章
美

法，这在一定程度上与这样的策略有关，也与跨越几代人的对美的热情有关，这种对美的个性化且独一无二的愿景使他们能够在情感层面与客户直接亲切地交谈。

当你考虑如何为你的产品赋予某种有意义的美时，你不妨去想想莫斯奇诺（Moschino）品牌的时装的幽默风格以及菲亚特500汽车。它们都是一种独特的且可实现的美学的例证，足够吸引眼球，却不同于传统意义上的美，可以说是与亚里士多德的黄金分割所主张的理想化的美截然相反。它们更接近于法国人所说的jolie laide（既漂亮又丑陋），或是意大利语中的abbastanza brutto（相当糟糕）。即使某样东西被拆分后的元素是有缺陷的和不完美的，但从大体上看还是美的。这是看待美的第二种方式，长期以来意大利人一直很擅长这么做。

当你考虑你产品的美学时，不妨问问自己：你的产品是要走黄金分割路线吗？它们平衡、稳定且完美吗？或者你选择abbastanza brutto的方式，你的产品尽管有一些瑕疵，甚至有些许不合时宜，是否仍然能使人入迷、令人愉悦？以上任何一种美学标准都可以同样吸引人，同样奏效，最重要的原则是，要找出最适合你的方法并将其完全贯彻执行。

品质至美：
意大利品牌卓越的秘密

碧莎

当我在想哪些企业的产品最能体现意大利的美学理念时，我想到了很多品牌，诸如韦尼尼（Venini，玻璃花瓶生产商）、阿莱西（Alessi，厨房产品生产商）、卡西纳（Cassina，家具生产商），以及弗洛思（Flos，灯具生产商）等，它们都能制造出极具美感和原创性的产品。最后，我出于某种极为个人的原因，选择了碧莎公司（Bisazza）。当我在阿尔塔巴迪亚的山里选购房屋时，装饰所有浴室的马赛克艺术让我感到欣喜。在经过简单的调查后，我发现它们是由碧莎公司制造的，这是一家相当知名但仍由家族经营的瓷砖企业。碧莎公司的瓷砖是用玻璃制成，并被切割成完美的正方形。玻璃色彩丰富、明亮、透明。这种现代的马赛克，就像是从一座废弃已久的别墅里出现的兔子和鸭子一样，激发了我的一些灵感。这些瓷砖背后所蕴藏着的思考、用心以及艺术造诣令我着迷。尽管这些图案是用较大的瓷砖铺设的，而不是像古代马赛克艺术由一块一块的砖铺设的，但效果同样让人愉悦。

碧莎公司由雷纳托·碧莎（Renato Bisazza）于1956年在

第三章
美

维琴察创建，当时被称为"维特利色彩"（Vetricolor）。正如本书介绍的所有其他企业一样，尽管它已经发展到在全球范围内都拥有旗舰店的规模，但它仍然是一个家族式企业。马赛克曾是一个低技术含量和无须太多设计的行业，市场上销售的大部分马赛克瓷砖都有着很明显的古罗马的特征，与古代别墅中使用的精致的玻璃方块没有什么特别的不同。事实上，Vetricolor最早的产品也是和古罗马马赛克砖大小一样的20×20毫米的方形小瓷砖。

  碧莎公司可能是因为恰巧走运或是自己的远见而将自己的第一座小工厂建在靠近穆拉诺市（Murano）的地方，而这正是一座以吹制玻璃而闻名的城市。他的灵感或许来自那些贯穿玻璃花瓶的颜色鲜艳的漩涡，这些花瓶被塑造成波浪的形状，玻璃上充满了被冻结似的斑驳的气泡。尽管这些小的、手工的吹制机大多数主要用于制作家居装饰或小的玻璃器皿，但碧莎公司还是发现了创造一些新事物的机会。他将这些材料和生产工艺投入全新的领域：将其作为大型建筑和摩天大楼外部的覆层。就这样，他为当代建筑物创造了一种新的装饰方法。

  我在碧莎博物馆（碧莎基金会，Fondazione Bisazza）正

品质至美：
意大利品牌卓越的秘密

面的弧形入口处见到了碧莎公司的团队。建筑物高大壮观的黑色外墙是令企业闻名于世的马赛克瓷砖覆层。外墙色彩耀眼：灰粉色的玫瑰和树叶以巨大的比例渲染，在漆黑的背景的映照下，令人印象深刻。博物馆内摆满了能够直接传达碧莎美学的展品：包银的枝形吊灯和盘子以适合巨人的比例进行展示；一辆复古现代的汽车拖着一个优雅的浴缸，适合人们慵懒地放松；一件蓝白色的代夫特陶器（Delftware），大小与人齐高，被整齐地切割成矩形，当参观者在它附近移动时，图案会破碎和重组；滑板斜坡围成一个纯白心形的轮廓，旁边停放着一辆用马赛克装饰的迷你库珀汽车（MINI Cooper）。

有一段时间，我们只是简单地在博物馆内漫步，对围绕在我们周围的艺术品满怀敬畏。最后，我们坐下来开始交谈，我让他们思考一下美和精致的审美对他们意味着什么。他们指出，优雅和美在意大利人的生活中居于优先位置，早已形成一种习惯。当我们穿衣时，我们并不是简单地用衣服遮盖自己。在很多方面，我们并没有像关注自己外表那样去在意品位的好坏。我们每天"穿衣服"，从这个词更为正式的含义中来看，穿衣服是对他人表示尊重。衣服的印花、颜

第三章
美

色或款式对我来说并不重要，重要的是，我注重细节，当我走出家门，无论去做什么，都能使自己看上去光鲜亮丽。

我认为这种"尊重"的观念对魅力企业来说是最基本的要求。穿着得体，优雅而有尊严地表现自己，这看起来微不足道，却是一个正常运转的社会中必不可少的。人们不必在踏出家门前熨烫自己的衬衫或者将鞋子擦亮。有人因为对自己的外表过于苛求，可能会去这么做。也可能是有人想要主动改变自己周围的环境而做出这样的选择。同样，当我们采取额外的步骤去令客户惊喜和喜悦时，驱使我们这么做的原因可能是多层的。部分是因为我们想要创造出更好的产品，还因为我们意识到自己所做的每一件事都会改善或者损害客户的体验和我们周围的世界。

而美正是其中的关键，因为美经常被视为非必需品。这与魅力的理念相违背，其要求所有的产品都必须是美的。这样的美拥有自己的生命，随着岁月的变化而变化，但始终忠于"尊重"的理念，不论是对我们自己，还是对我们的产品或是我们的客户。碧莎公司的团队解释道："我们的母亲存有一些著名设计师设计的家具，但我们小时候并不喜欢它们，而现在我们改变了心意！长大后，我们现在能

品质至美：
意大利品牌卓越的秘密

发现以前不能理解的其中蕴含的优雅。美是有生命的，无时无刻不在呼吸。它在不断地进化，与其说它是一时的时尚，不如说它忠于你的眼睛，即使你的眼光随着岁月的流逝而变得成熟。"

我询问家族式企业对他们的意义，并分享了我自己家族的历史感对我、对意利集团的重要性。碧莎公司的一行人认同我的看法，"我们家族对艺术纯正的热情是我们灵感永不断绝的源泉，它激发着我们的创造力并给予我们更多的自由去尝试。我们的藏品反映了我们的美学价值观：创造力、永恒的优雅、现代的外观、持久的品质和文化"。

像所有的家族式企业一样，这样的理念会在代代传承中更新，而每一代人都在这一进程中扮演着不同的角色。对于碧莎公司而言："创始人的愿景是让马赛克艺术回归，赋予其新的辉煌，并提高产品品质，引入新的生产技术，同时保留手工制作技艺。"

"得益于与国际知名设计师的合作，创始人的愿景在第二代人手中得以进化。最终，我们的新机构，碧莎基金会成立，这是巨大的进步，也是第二代人在文化方面的承诺，亦是我们留给未来的遗产。在这里，我们可以与任何对此感兴

第三章
美

趣的人分享我们的永久艺术藏品。"

在任何家族企业中,所有的决定都与创始人家庭的个性、文化以及基因密切相关。这是意大利家族企业所特有的,碧莎公司尤其如此。它们的产品与审美和文化品位紧密相关。

制造商眼中的美

有一点关键性因素是碧莎公司与第一章"完美"中的路易吉共通的:控制感以及明确的等级制度使家族能够对每一个细节保持控制,并确保碧莎美学始终与家族对美的诠释保持一致。

如同其他的家族式企业,对碧莎公司来说,对于什么能够让产品令人喜悦、使人惊喜或感受到美(记住答案是一致性),形成清晰和统一的观念至关重要。当你参观布满瓷砖和马赛克图案墙面的基金会时,墙面反射出的光线以及回声定会使你深切感受到他们对自己所做工作的热爱。整个家族对美有着共同的愿景:丰富且鲜艳的色彩、大胆的设计,有时会达到极为惊人的规模。

品质至美：
意大利品牌卓越的秘密

在他们与艺术家和建筑师的合作中，他们将马赛克推到人们认为可以达到的极限，创造出马赛克花园雕塑，看起来就像是《爱丽丝梦游仙境》（*Alice in Wonderland*）中的家具，他们还建造了一片由纯白色圆柱构成的森林向设计它们的设计师表示敬意。

在我参观基金会的过程中，我想起了碧莎公司的哲学中的一个核心要素：对美的理解因人而异。我们企业的家族式经营的性质，使我们能够更自由地去构思一些在某种程度能够反映我们的个性和品位的产品。这对任何产品设计者或品牌管理者来说都是极为重要的一课。你的产品需要有自己的态度，它们必须在美学方面做出选择，要么是精致而又简单的完美，要么就是奇特、怪异但使人愉悦的美。碧莎继续说道："在大型跨国企业中，企业家自身的特质很可能并不重要，营销数字会驱使企业做出选择，但同时企业也将会面临其产品特性被削弱的风险。"

碧莎公司拥有自己的美学工作室，但它们也与新兴的设计师、著名的艺术家和建筑师开展合作，不断去拓宽马赛克艺术的边界，有时甚至会超出碧莎的想象。碧莎制造的所有产品都有一个共同点：美学的可持续性。这个系列包含的

第三章
美

产品定会经久不衰,这不仅是因为制造产品所用的原材料的耐用性,还在于产品设计的美学价值。这就是美的另一个方面:你愿景中的信念以及你坚信产品在问世后的很长时间内仍然是有价值的。

每个伟大的企业都需要讲述一个关于自己的故事。我们已经讨论过了讲好这个故事所必需的传统和真实性。而追求完美是它的另外一个方面。什么是有吸引力的?对这个问题的坚定理念是故事的关键。每一个伟大的企业都有自己的审美观,你或许不喜欢这样的审美,但如果我们正在讨论一个标志性的品牌,你也许能够对它进行描述。宜家公司的产品并不符合我的品位,但是我能够理解它的美学,以及它的品牌或设计师认为"美丽"的东西。宜家产品想要展现的就是高效的北欧极简主义美学。碧莎公司令人称道的部分原因在于,它能够找到与其审美观完美契合的艺术家和设计师。这样的合作拓宽了企业以往主要业务的范围。我怀疑如果没有宝马企业的鼓励,他们是否会将马赛克艺术覆盖到一系列的迷你库珀汽车之上(当时他们很清楚,展示的车辆现在已经是他们的永久藏品,被送来时是"没有引擎的"。而当这辆车被布置在一个基本上由玻璃构成的博物馆内时,这样的决

品质至美：
意大利品牌卓越的秘密

定显得尤为明智）。

　　魅力的美学可以是经典的，也可以是古怪和非传统的。但它必须以某种方式反映出产品的真实本质。用美丽的包装去掩盖令人失望的产品是对客户信任的背叛，因此，请确保你将美定义为增强品质的另一个分支，是为你的工作增添令人惊喜和愉悦的元素。真正的美在信念上是大胆和勇敢的，所以不要动摇你的信念。

第四章
真实

完美、一致和美,这些是目前为止我们已经讨论过的魅力的要素,每一个要素都反映了以传统为中心的商业理念。魅力不会优先考虑短期回报,而是需要对企业存在的原因,其在社群中扮演的角色,以及企业在未来数年的发展方向有着深刻、细致的理解。通过追求完美,在经营活动中践行一致和整体的理念,并将个人的独一无二的美的愿景置于优先位置,魅力企业可以专注于其业务的长期优势,而不是追逐变幻莫测的全球市场。

我们可以将尊重企业传统的重要性的理念概括为保证真实性,最近一段时间,真实这个词被淡化和削弱了。每个

品质至美：
意大利品牌卓越的秘密

MBA的毕业生都被告知，消费者渴望真实的体验。任何试图在社交媒体上建立个人品牌的人都知道，被外界认可和喜欢取决于"是否真实"。然而，这种表演性质的真实终究是肤浅的，并不具有实际意义。践行魅力真实性的企业没有这样做并不是因为营销部门的推荐，而是因为真实性是企业特性不可或缺的一部分。在产品开发、制造或者营销过程中采用不真实的做法就如同将两块磁铁强行合并在一起：如果没有持续性的压力，想要将两个天生互相排斥的物体合并在一起几乎是不可能的。

本书中的每一个想法都可以回溯到某一个核心理念：魅力企业能够讲述一个根基深厚的故事，并依据这个故事所反映的价值和原则在市场中生存。它还具有真正的传统意识。随着它的发展，管理层和受聘者做出的所有决定、产品和选择都需要与这样的传统保持一致。目前，随着这场全球新冠疫情的持续，许多企业遭受了巨大的冲击。然而，意大利的家族式企业，尤其是那些坚守自己的根基，并始终如一地讲述着有关它们是谁、它们为什么要这么做的故事的企业，却存活了下来，甚至得到蓬勃发展。这里有一些简单的原因来解释这一点：专注于单一类别产品的生产意味着每一种资源

第四章
真实

都被用于确保产品能够满足客户的需求。企业中所有的家族成员将比受聘者更为尽心尽力，尤其是当企业和家族使用同一个名字的时候。在困难时期，企业家们会奋勇拼搏，不遗余力地去保住企业的声誉。

总之，要有长远的眼光：在我们的家族企业中，我们将以世代为单位进行规划（一代指20年）。当困难时刻来临，我们想的却是更好的时期终将回归。即使现在我们正在亏损，将来我们定会挽回损失。在这个时期，使用家族的资产去支援企业也是很正常的事情。这种家族和企业之间的共生关系在困难时刻显得更具价值。

从长远来看，这么做是有意义的。许多意大利家族的根源可以回溯好几代人。今日一些企业的首席执行官的遥远的祖辈经营的企业可能经历过黑死病，更不必说新冠病毒感染了。家族式企业的基因中深藏着一种韧性，能屈能伸，这在短期内可能会使它们获利减少，却能帮助它们生存上千年。据估计，家族企业实际上在现代全球贸易量中的占比达85%。今天的家族企业往往有一个集体领导层，他们明白自己是一些比他们自身和他们的孩子还要长寿的东西的保管人，这意味着那些为了"榨取"股息或利润的短线操作将不

品质至美：
意大利品牌卓越的秘密

会出现在讨论范围之内。与之相反，所有的业务决策都必须使企业朝着同样可靠和一致的方向发展。所有的这些举措都必须是可持续的，并为企业长期的成功而努力，从而为自己的子孙后代提供支持和照顾。

例如，当著名的汽车业高管塞尔吉奥·马尔乔内（Sergio Marchionne）在21世纪初的10年里执掌菲亚特汽车公司时，阿涅利家族（Agnelli family）将其在其他行业的金融资产全部售出用于重启（或挽救）家族的汽车公司。在这样的背景下，可持续性有三重含义：首先，它反映的是一种一致的、长远的经营理念，企业将自身的永续发展置于利润之上。其次，它是一种土地和资源的管理方法，注重使用传统技术，相比于使用现代化学肥料和激进的产量管理等方式，这些技术使土地本身具有更强的再生能力。最后，它具有社会层面的可持续性，它能够尝试去改善与企业业务相关的人们的生活。

我们还将花费几页的篇幅来更深入地探讨可持续性的第二种定义。当然，你不必找太远就能发现适用于第一种定义的案例。比如，在布雷西亚（Brescia），贝雷塔家族（Beretta family）管理与其同名的武器装备企业已经长达15

第四章
真实

代人之久。风险资本家可能会采取一系列操作试图获取更多的收益，例如扩大业务范围、将企业部分业务出售、降低标准、去第三世界寻找更廉价的代工厂或者投资不相关的产品，但最终他们在难以实现的利润面前只能绝望地举起双手。而意大利的家族式企业之所以能够生存下来是因为它们忠于自己的传统，讲述一个关于它们是谁的真实故事，并优先考虑企业的长期生存，而这些企业的历史比很多国家还要悠久。

年轻的企业，不年轻的灵魂

那么，如果你的企业还很年轻，应该如何去创建与企业相关的传统和真实的故事呢？美国很少有能够追溯三四代以上的家族式企业。在我撰写本章时，即使是美国最大的家族企业沃尔玛公司，也才历经不到60年的时间。有趣的是，尽管沃尔玛公司自创立起的大部分时间都是由家族经营的[沃尔顿家族（the Waltons）目前持有企业不到50%的股份]，但它并不认同任何魅力的价值观。正相反，沃尔玛公司执行的是那些可以被描述为反魅力的方法，例如，给员工支付极少的

品质至美：
意大利品牌卓越的秘密

薪水以至于有些员工不得不依赖政府的救济才能勉强过活，还有大幅降低库存品牌的产品价格。虽然这样的策略使企业获益颇丰，但也使企业变得脆弱，因为员工和聘用者之间或者顾客和企业之间不存在忠诚或者深厚的感情。

  从魅力的角度来看，真实性的一个核心要素就是企业必须优先考虑未来几十年和几个世纪的生存，并开展长期和可持续的业务活动，从而使客户建立起对企业根深蒂固的信任。企业的可持续性表现在三个方面：经济、社会和环境。企业践行可持续性的部分原因是，它们应该坚持改善其生存的这个世界的信念。我不认为会有人宣称一家企业可以用一个庞大而单一的百货商店去取代无数个小镇本地企业，同时还支付勉强维持生计的工资给它们的受聘者。

  意利公司是一家比沃尔玛公司规模小得多的企业，我的父母和祖父在1933年创办了这家企业，他们了解自己受聘者的需求并愿意去帮助他们处理家庭事务，比如婚姻、孩子或者住房。当我在1977年加入意利公司时，企业会向员工提供贷款帮助他们购买住房、支付学费或帮助他们的孩子，这些都是稀松平常的。最终，我们的员工对企业的忠诚意识大大提高。他们愿意看到企业蓬勃发展，并让自己的孩子未来

第四章
真实

继续为企业工作。这些对我们的可持续性大有裨益：几十年来，我们成功留住了优秀的员工，并从他们多年积累的知识中获益。要是沃尔玛公司能够从中受到启发以同样的方式去帮助它们的员工那该多好。

一家年轻的企业同样可以培养传统意识和践行真实性。关键是要去理解你的企业精神。为什么它不是为了追逐利润而存在？它是否通过改善受聘者、顾客、供应商以及与之有接触的邻居的生活来优先考虑担起良好的公民责任？它能提供竞争对手没有的哪些东西？你能为你的客户带去什么来赢得他们的忠诚并在未来几年里建立起坚实的客户基础？一旦你找到了这个事关你企业的核心故事以及它在世界上存在的目的，即便你的经营状况多年来一直有波动，也请将其放在你经营活动的核心位置并坚持到底。

对于这样的哲学还有至关重要的一点需要你去理解，那就是并非每个人都会接受你对"传统"的诠释或者赞成你的所作所为。例如，拉夫·劳伦（Ralph Lauren）的马球（Polo）系列服饰，在1967年是最先以领带系列推出的。它们的衣服很好，但品牌创建立足高远而非着眼于实际情况，因为打马球或者观看这项运动的美国人相对较少。但劳伦一

品质至美：
意大利品牌卓越的秘密

直专注于这一概念，并始终如一地讲述关于Polo系列服饰蕴含的故事，最终他的客户接受了这一理念，Polo系列服饰得以落地生根。品牌以自己的方式使自身变得足够真实，能够说服足够多的消费者相信它的传统是真实的以及它讲述的故事是有意义的。因此，Polo系列服饰会继续行销于世——即使我个人觉得它不够真实也缺乏说服力。

相较于意大利消费者，美国人对于真实性的概念并没有那么深的执念（虽然劳伦于2015年在罗马开设了第一家Polo系列服饰品牌专卖店，但它从未在当地特别受欢迎。当大多数意大利人面前有大量的本地可信赖的裁缝和服装商供他们选择时，出现这种情况也就在情理之中了）。事实上，我认为美国的消费者并不期待能够从他们购买的产品的生产商或者品牌方那里获得良好或公平的对待，这为愿意尝试这么做的企业提供了机会。意大利的消费者或许也不一定期待得到良好的对待（意大利有时是以服务草率而闻名），但他们确实希望能够从他们的家庭世代惠顾的企业那里获得始终如一的、可靠的品质体验。

第四章
真实

年轻的品牌如何打造真实性？

　　这样的信念是意大利人重视传统和真实性的重要原因。为什么？因为真实能够让人放心。不妨这样看待这一点：熟悉是产生信任的基础。如果我的祖父母很多年前就很喜欢某样产品，而生产它的企业仍然能够秉持最初的价值观或原则，那么我也可能会喜欢它。对品质的认可会随着时间的推移而不断累积。即使你的企业还很年轻，也不要被这一点吓倒。你需要记住一点，消费者对产品的真实品质的总体感知才是最重要的，这部分与产品本身有关，也与你所讲述的产品故事有关。请记住，每个人都会以自己喜欢的方式去体验一款产品，比如，我们中的一些人是以视觉去体验产品的：当某款产品充满丰富、精致的色彩或以讨喜、美观的角度进行设计时，这将会对产品的品质造成最大的影响。还有一些人通过触觉来感受品质，比如羊绒。其他人将味道视为重中之重，在这种情况下，他们可能会优先选择像多莫瑞这样的品牌。总之，你有多种办法来创建这个关于真实的品质和传统的故事，并且你也有很多方式使你的客户感到惊喜和愉悦。只要你能优先考虑那些能发挥你的业务优势的方面并讲

品质至美：
意大利品牌卓越的秘密

述一个一致的故事，你就能够慢慢地建立起客户对你的这种安心感和信任感。

你的企业或许没有那么悠久的历史或者传承，但你仍然可以应用这样的理念去建设和发展你的品牌。在美国，一个最明显的例子就是苹果公司，它成立还不到50年，或者像捷蓝航空公司（Jet Blue）这样的航空企业，它创建于1998年。这两个品牌都讲述了一个能反映它们的传统、理念以及根基的一致而真实的故事。在这些案例中，真实意味着"正确的"：一款产品是由正确的人使用正确的原材料（天然的，非合成或假冒的）通过正确的工序（非第三方）制成，以及对产品设计、客户服务和品质的真诚的态度。最后，可以通过时间的积累，或者是始终如一、令人安心的理念来创建一家真实的企业。

当我们购买创建于20世纪70年代中期的马斯特罗扬尼葡萄园时，意利公司积累了丰富经验，如何为这个年轻的品牌打造真实的传统感和品牌故事。按照意大利的标准，这个品牌正处于婴儿时期，但我们意识到尽管它还很年轻，但它的底蕴却很深厚。这个葡萄园所处的地区长期人烟稀少，土地开垦率低。在这片土地上耕作的家族使用着最先由伊特鲁里

第四章
真实

亚人(Etruscans)发明的古老方法,后来被罗马人所采用。在马斯特罗扬尼葡萄园,那些最重要的操作(修枝、把酒从一个桶倒入另一个桶和装瓶)都是在月亏时进行,为什么要这样做?是因为在月亏的时候,葡萄树的活动会减少,在修建枝蔓的过程中对它们造成的创伤就会更少。

在马斯特罗扬尼葡萄园里,不使用化学肥料,而使用绿肥。酒商会去种植含有土壤所需养分的植物,当这些植物长大,土地被犁过后,植物会在泥土中被分解,这样就能在不需要任何人工添加物的情况下滋养土地。依据托斯卡纳(Tuscany)的法律,这个农场已经获得了"综合农业"(integrated agriculture)的认证。埃内斯托意利基金会(The Ernesto Illy Foundation)正在推广一种名为"良性农业"的新方法,旨在用有机碳再生土壤,并在咖啡豆和其他作物种植过程中实现零碳足迹。尽管马斯特罗扬尼葡萄园很年轻,但它已经有了自己的传统。今天,如果你沿着整齐的葡萄藤漫步,定能深切体会到与2000多年前庄园管理者所看到的一样的情景。

从这些角度去审视你的企业。它建立在什么样的传统之上?哪些品牌、个人或者想法是你企业的"基因"的一部

品质至美：
意大利品牌卓越的秘密

分？美国曾掀起过一股"新传统"的浪潮，它们的品牌灵感源自国家工业发展历程中的标志性事件。比如诞生于底特律的自行车和时尚生活品牌希诺拉（Shinola），或是像布莱特波本（Bulleit Bourbon）这样的精品威士忌酒品牌，尽管它们都创立不久，但它们都正在创建一个让客户感到亲近和安心的故事。

布莱特波本酒以家庭配方为基础，最初的酿造者在肯塔基或新奥尔良的某个地方消失不见，100年后这个品牌被一位家族成员复活。与之类似，希诺拉的名字源于一家现已不存在的鞋油企业，它的名字曾在一句众所周知的谚语中出现，由于过于粗俗无法写在本文中。美德威尔（Madewell）是美国的一个非常成功的服装品牌，是"美国制造"工艺水平的象征，也同样以一家在20世纪末倒闭的美国服装企业命名。这些企业通过将新品牌与旧的名称和理念相结合，简洁、真实地说明了它们是谁。当然，产品必须与描述相符，而这种策略只有在为匹敌或超过同名产品付出真诚、尊重和热情时才会奏效。消费者会给你机会去讲述你的故事，但他们只会给你一次机会。

第四章
真实

记住你的根

理解你的传统并专心讲述关于你是谁的真实的故事,能够阻止你犯下代价高昂的错误。意大利的面条制造商百味来公司(Barilla)在推出一款名为爱可滋(Alixir)的果汁饮料时忘记了真实的重要性,企业为推出这款产品投资了超过1200万美元。有两个原因导致新产品的推出最终失败。第一,新产品是不一致的,人们为什么要从一个面条制造商那里购买果汁?这也让消费者觉得不真实。几代意大利人都相信百味来公司能够制作出可靠的优质面条,打开蓝色纸箱的过程让他们既熟悉又放心,让他们回想起小时候被父母喂养的时光。第二,大部分成年人都能通过观察包装盒上的透明薄层窗口显示的高度,来估量可供家人使用的通心粉或面条的确切数量。而打开果汁包装盒并不能带来任何令人安心的体验,反而会给人们错误的感觉。人们对这家企业的信任并没有从一件商品转移到另一件上,于是它的果汁系列产品很快就失败了。

品质至美：
意大利品牌卓越的秘密

真实的意利公司

当我开始在意利公司工作时，我做出了一些自认为有利于发展业务的决定，以一致性的名义停止多条产品线的生产是其中之一。我做的第二个大的决定也同样具有破坏性，至少一开始是这样。我的祖父一直梦想着制作世界上最好的咖啡。那时他的客户会将绿色的咖啡豆买回家，然后用小型的烘烤机去加工生豆。这类机器使用方便，通常以酒精或煤为燃料，只需用手摇动5分钟到10分钟即可。唯一的风险就是咖啡豆可能烘烤不足或者过度烘烤，优点在于绿色咖啡豆不需要特别的保护，它们可以在纸袋中放置几个月而不变质。

如果一个人从当地的一家烘焙企业买了已经烘烤好的咖啡，通常这些咖啡会被放入纸袋带回家。但当时没有可以保存这些咖啡的技术，以至于1周或10天后咖啡就会变质。我不是说那些咖啡这时已经不能饮用，但它已经不再能做出一杯好咖啡了。

我祖父最大的创新就是开发出一种能够保存烘烤咖啡的新方法，它能使咖啡在数周甚至数月的时间内保持可饮用的状态。他通过发明一种对咖啡进行压缩的办法来做到这一

第四章
真实

点,这种方法被意利公司沿用至今。我们将包装中的空气抽出,然后充入惰性气体,通常使用二氧化碳。这种特殊的包装能够使咖啡免于它的两大敌人的伤害:氧气和潮湿。因此,只要咖啡被惰性气体所包围,它就能够保持新鲜和好的风味。

对产品新鲜度的保证成为我们向客户讲述的故事中不可分割的一部分。我们的咖啡价格确实比较昂贵,但是我们能够保证当你把咖啡罐带回家然后打开享用时,咖啡的味道和它被包装的时候一样好。我们的客户在尝试过咖啡后,对产品的品质感到放心,他们会继续购买我们的产品,这已经成了他们生活中熟悉的事情。今天,他们仍然相信我们能够提供同样真实的体验:高品质的咖啡豆、完善的包装以及始终如一的绝佳口感。

要做到真实,你需要做的一部分就是去接受有些产品类别并不适合你的品牌,即使这个品类增长迅速并似乎注定要占据你的整个市场。同样地,遵从价格点对你的品牌来说是个错误的决定,即使这对于市场扩张很重要,但仍然是一个糟糕的选择。多年后,在一位商务经理离职之后,我开始在意利公司工作。他开发了一条使用塑料袋、无须加压的产

品质至美：
意大利品牌卓越的秘密

品包装流水线，我认为这与意利公司的真实的故事不相符，它并未讲述一个关于卓越品质的故事。这样的包装适合大众市场产品，并不适用于顶级产品。我很快决定拆除整个产品线，并重新使用金属罐以便我们能够对咖啡进行加压。

同样地，几年后，我们为自动浓缩咖啡机开发出了咖啡粉囊包，它可以被放在办公室、工厂或其他商业场所。这些粉囊包被附着在长条的纸上，当有人需要咖啡时，可以通过纸条将粉囊包送入机器。粉囊包本身是有用的，但我们错误地将它们放在生产这些产品的地方。人们喜爱浓缩咖啡的高品质，却抱怨其高价格，解决方案就是放置一台新的、仅使用一个粉囊包即可制出浓缩咖啡的自动浓缩咖啡机，但只有办公室里的人才能负担得起这样的价格。

意利公司在1999年开设了连锁咖啡店，但我们将自己视为咖啡店里的烘烤师，而非店铺的管理者。开设咖啡店的目的在于推广品牌、培养消费者以及呈现一个有关整个意利公司体验的完整的故事。我们对通过售卖瓶装水、软饮料或者啤酒来赚钱毫无兴趣，我们的业务是咖啡而非食品。因此，我们不太可能像一些大型连锁店那样拥有成百上千个门店。它们的策略是扩大咖啡馆或酒吧的业务，而我们的策略是扩

第四章
真实

大向家庭、餐馆和其他场所销售优质咖啡的规模。虽然意利咖啡馆看似有存在的意义，但它却不是真实的。这里我想提出另一种使家族企业更为自然真实的办法。即使像意利公司这样大型的家族企业，单次能够执行的项目或想法也是有限制的，因为我们的家族成员最终会参与大多数决策的制定。这种人力方面的限制迫使我们专注于有关我们是谁和我们应该做什么的核心真理上。在我们的案例中，我们需要做的是为家庭和户外的消费制作顶级的咖啡。

法拉利葡萄园

简单来说，意大利家族企业如此偏爱传统的原因之一在于：我们拥有很多的传统。毕竟，意大利被划分为20个行政区，超过100个省以及8000多座城市。每一个地方都与其他地方不同，拥有独特的传统和生产方式。举几个例子，我们拥有品种数量最多的葡萄、梨、樱桃、榛子、杏仁和奶酪。意大利没有国菜但有8000多种地方菜。这些食谱是不同的风土[不同的地区出产该地独有的作物，比如博洛尼亚（Bologna）和摩德纳（Modena）独有的维尼奥拉（Vignola）

品质至美：
意大利品牌卓越的秘密

樱桃]和传统（食材调制和烹饪的方式）的结合。当你理解风土后，就能够很容易理解为什么意大利的企业能够创造出关于它们传统的独特而有趣的故事。每个故事都与众不同，而且是为它们直接的受众量身定制的。除了位于特伦托产区的法拉利（Ferrari）酒庄，我很难想到会有其他的企业也能像它一样将所在地区的美和乐趣融入业务之中。

朱利奥·法拉利（Giulio Ferrari）于1902年在特伦蒂诺（Trentino）的高山上种植了数千株的霞多丽（Chardonnay）葡萄藤，致力于能够在意大利生产出匹敌法国香槟的起泡酒。过了50年，第二次世界大战结束后，由于自己没有孩子，他开始寻找可以继承他梦想的人。在众多的有意者中，他决定将法拉利葡萄园转让给一个当地的葡萄酒经销商，布鲁诺·卢内利（Bruno Lunelli）。因此，自1952年起，企业开始了由卢内利家族主导的历史。特伦蒂诺产区被《葡萄酒爱好者》（*Wine Enthusiast*）杂志评选为2020年度葡萄酒产区，这在很大程度上归功于朱利奥·法拉利将霞多丽葡萄品种带到这一地区的远见卓识。

我到访的当天受到了家族第三代酿酒师马泰奥·卢内利（Matteo Lunelli）的欢迎。他对葡萄酒的热情不亚他对特伦

第四章
真实

蒂诺的热情，他将这片山区称为家。很容易就能明白他为什么如此钟情这个地方：特伦托是一个夹在两山之间的中世纪小镇，面朝加尔达湖（Lake Garda），景色绝佳。古老的街道上铺满鹅卵石，街道两旁都排列着二层小楼，大多数都有阳台，从敞开的窗户往下看，感觉如此宁静和欢乐。放眼望去，多洛米蒂山在天空中划出一道参差不齐的线，挡住了落日，当夜晚来临时，炎炎夏日也会泛起一些凉意。

卢内利告诉我说，他的葡萄酒和特伦蒂诺之间有着密不可分的关系。"在我们每一瓶酒的背后，你都能发现特伦托和特伦蒂诺的文化。这是一个良性循环，葡萄酒和这片土地之间相辅相成。我们生产的是山区起泡酒，它是特伦蒂诺纯粹的表达，我们并不是在制造某种香槟酒的仿制品，而是在创造独一无二的东西。"

在山区种植葡萄绝非易事。每件事都必须亲力亲为，在阶梯状的葡萄园中尽可能少地使用机械。他们将所有不可持续的方法排除在外：法拉利酒庄的葡萄园采用有机种植方式，栽种的葡萄品种只适合酿造起泡酒。这就需要较低温度来使葡萄保有合适的酸度和高浓度的风味。北部多山的风土环境非常适合这种葡萄的种植。日间，葡萄园沐浴在阳光

品质至美：
意大利品牌卓越的秘密

下，到了夜晚，冷空气会从海拔1英里高的山上下来。这种昼夜温度的极端变化创造出了独特的味道和均衡的酸度。生活在更传统的低地葡萄园中可能会轻松一些，但最终的产品绝不会像法拉利酒庄出产的葡萄酒那般精致。

卢内利向我描述了他们与当地的联系有多深："我们与为我们供应葡萄的超过500家小型葡萄种植者和家庭合作，并与他们建立了长期的合作关系。我们要求他们以有机的方式进行种植，杜绝使用杀虫剂或除草剂。同时，我们会为这些葡萄支付超出平常价的价钱。成为我们的供应商是一件美好的事情。我们努力去保护在田间和酒厂内工作的人们，这样做是为了在获取高品质葡萄和保护土地以及在葡萄园内工作的人的健康需要之间实现平衡。当然，从中受益最大的就是那些在葡萄园内工作的人。"

我知道为什么卢内利会如此关心那些依赖他为生的人，但我还是请他用自己的话来总结："这源于我们同属一个家庭的理念和我们从父亲那里得到的东西，同时也是我们作为一个家族的企业家文化的一部分。我们的企业不仅是为股东创造价值，也为这片土地带去健康、发展和美，以确保我们是一家可持续发展的企业。作为企业的首席执行官，我的工

第四章
真实

作就是在股东利益和可持续性之间取得平衡。"

这座酒庄能够蓬勃发展主要有两个原因。首先,它的产品出类拔萃。我最喜欢的一款酒是法拉利酒庄酿造的臻品白葡萄酒(Maximum Blanc de Blancs),这是一款完全由霞多丽葡萄酿造的起泡酒。选择单一的葡萄品种,而非混合品种,赋予了这款酒纯粹、明快的口感[正如同我喜欢的另一款酒,布鲁内洛葡萄酒(the Brunello),由百分之百的桑娇维塞(Sangiovese)葡萄酿造]。这种酒就是所谓的特伦托(Trentodoc)或者经典法①(Metodo Classico)起泡酒,会在瓶中进行第二次发酵[与普洛塞克(prosecco)品种的葡萄酒正好相反,它是在大的金属容器中发酵而不是在单独的瓶中发酵]。

其次,尽管酒庄还相对年轻,但它已经创建出了一个关于它要做什么和它为什么要这么做的极为真实的故事。法拉利酒庄生产的起泡酒还在继续扩大自己在全球市场上的占有率,正如卢内利告诉我的那样:"当客户理解了法拉利品牌是什么时,他们对品牌的忠诚度会大增。假如你是真实的并

---

① 意思是遵循香槟酒的酿造工艺而酿造的起泡酒。——编者注

品质至美：
意大利品牌卓越的秘密

且你的品牌背后拥有真实的价值观，一旦你的客户了解了这一点，他们就会忠于你。"当客户接受了法拉利酒庄所代表的魅力的理念后，这个品牌正变得越来越受欢迎。卢内利还认为分享意大利式的生活方式和探讨葡萄酒本身一样重要。

这个关于法拉利酒庄的故事，既是关于以追求增强品质的热情创造出的顶级产品的故事，也讲述了意大利人对家和土地那种深沉的爱。卢内利和他的家族能够感受到自己身上肩负的深刻的责任，他们致力于改善工人的生活，尊重家族的传统并继续提升生活在特伦托的人们的生活品质。随着法拉利特伦托起泡酒越来越受欢迎，它也在无形之中提升了特伦托的知名度，帮助特伦托继续巩固其作为葡萄酒爱好者和鉴赏家的目的地的地位。据卢内利介绍："我们还通过葡萄酒旅游的方式推广这一地区，并积极尝试为我们周边的地区创造财富。"

第五章
家庭

　　一家企业和一个家庭一样都是建立在价值观之上的。家庭实际上是社会本身的缩影,大家分享着看待这个世界的情感视角和共同的文化,在经济方面,大家的命运互相交织在一起。一个健康的家庭(或企业)是不可阻挡的。换句话说,一个不开心、不正常的家庭注定会破裂和失败。这同样也适用于那些陷入困境和与市场脱节的企业。

　　我几乎所有的童年回忆都与意利公司有关。家庭和企业之间的界限很模糊,晚上的谈话经常围绕着企业展开。放学后,我和我的兄弟姐妹时常会被送去工厂里面,看看能不能帮助做点什么(回想起来,我们似乎没有像我们想象中的那

品质至美：
意大利品牌卓越的秘密

样提供那么多帮助）。我常常会与那些蓝领工人交谈，向他们请教，了解他们的工作性质，吸收他们在工作中积攒的知识。我的第一份"正式"的工作是帮助一位年长的工人整修咖啡机。在他那里，我学到了一些基本的机械方面的技能，我一直牢记在心，尤其现在我是极味（Polo del Gusto）公司的负责人，更应该铭记那些。极味公司是意利集团控股的子公司，主要管理除咖啡以外的所有品牌（目前旗下有达曼兄弟、多莫瑞、Agrimontana以及马斯特罗扬尼等品牌，我们预计业务范围还会进一步扩大）。

当我在1977年进入意利公司工作时，企业仍在忙于应对由一场非常严重的霜冻所引发的危机。这场灾害导致巴西境内的数百万棵咖啡树死亡，从而将咖啡价格从1.2美元每磅提高到3.6美元每磅。咖啡生产商们对此的反应是增加罗布斯塔（Robusta）咖啡（一种价格低廉且品质低劣的咖啡）的产量，以避免阿拉比卡咖啡豆（最好的咖啡豆品种）出现价格大幅上涨的局面。我的父亲态度十分清晰，他对我们说：

我们必须履行对客户的品质承诺，尽管事件的影响会在财务报表上体现出来，但我们必须继续这么做，只使用阿拉

第五章
家庭

比卡咖啡豆。

那一年我们企业出现了亏损，也是我记忆中的最后一次，但我们卓越的声誉得以保全。在接下来的几年里，我们以此为基础，弥补了损失并实现了健康增长。我一直铭记着这段经历，我的父亲当时有另一个的选择，他本来有充足的理由去降低品质以使我们的产品保持实惠的价格。但他做出了一个相反的艰难的决定，虽然在短期内企业承受了经济损失，但他信守了对客户的承诺。

这种深厚的历史积淀、价值观以及文化记忆是我们家族企业的支柱。在那时，我们比在企业历史上的任何时刻都更接近失败，但我们存活了下来。我时刻牢记着父亲的智慧以及坚持履行我们对品质的承诺这一经验教训。我不确定一家没有这种血脉传承的大企业能否做到这一点。今天在一家非家族企业工作的人会记得为什么一位被遗忘已久的首席执行官在将近50年前做出这样的决定吗？我记得是因为我敬佩我的父亲，我们一起讨论过他面对的困境。他对品质的信念已经融入企业过去和现在的核心。更重要的是，当年围坐在厨房里的大人们在讨论这一决定时一致同意：无论发生什么，大家一起同甘共苦，共同进退。

意大利家族的起源

意大利人以紧密的家庭关系闻名，年轻和年长的家庭成员间往来交流频繁，感情良好，一起同住的比例也很高，使得意大利在整个欧洲社会中独树一帜。祖父母积极参与孙辈的生活，从在工作时间帮助后代照顾孩子开始。这些孩子在成长的过程中，会受到他们家庭内几代人的宠爱和呵护。实际上，有些孩子直到结婚前都一直住在家里，有时甚至会待到30岁左右。这种趋势越来越普遍。例如，直到21世纪头10年，有三分之二的20多岁的男性仍然住在家里，而10年前这一比例为51%，现今依然保持着这样的比例。

这种现象背后有多种复杂的原因。一些经济学家指出意大利的公共福利是如何向老年人倾斜的，为养老金提供资金但不支持年轻人。同一项研究发现了一种存在于成年孩子和他们的父母之间的共生关系，前者期盼自己能够"永远年轻"，而后者则希望能够成为"永远的父母"，父母在他们的子女缓慢地走向独立的过程中，继续扮演抚养人并为子女

第五章
家庭

提供经济支持的角色。在某种程度上,这是有意义的。年长的意大利人都记得第二次世界大战后那段极为困难和物资匮乏的岁月,他们甚至在更为严格的家庭环境下长大,他们的行为受到现在看来已经过时的宗教和社会习俗的影响。自然而然地,他们希望自己的孩子能够尽可能长时间不被完全独立生活带来的困难所累。再加上青年的高失业率、低结婚率还有过高的房租等因素,孩子们尽可能长时间待在家里也是符合逻辑的。最后,不同于英国和美国的家长,意大利的父母觉得当他们的孩子待在家中时,他们会更开心。

所有这一切都能够帮助解释为什么意大利的许多家族经常能够一起创办跨越多代人的企业。此外,这也凸显了那些希望复制我们工作方式的优势的非家族企业所面临的挑战。如果家族企业想要真正运转起来并代代相传,那么它们必须树立比利润更远大的志向:首要目标始终是家族的延续。正如前文所述,我们通过将品质置于首位并信守我们对客户的承诺来实现这个目标,相应地,消费者会教导他们的孩子去继续信任我们的产品。

当然,家庭也会有运转不畅的时候。古驰公司是一个典型的例子,它曾几乎被利益竞争折腾到分崩离析。古驰公司

品质至美：
意大利品牌卓越的秘密

的核心品牌曾长期是含混不清和过时的，直到聘请汤姆·福特（Tom Ford），以及后来的米凯莱才改变了这一局面。这两位设计师虽然有着截然不同的审美，但他们却都与各自所处的时代完美契合。这说明了这个家族企业存在的一大弱点：当企业中的个别成员将自身的利益置于企业利益之上时，企业健康将会被损害。成功的家族企业将精益求精置于优先位置，但当家庭成员开始将企业单纯地视为谋利的手段时，就会优先利用其获利而非悉心培育它长大。他们会开始榨取企业的价值，客户将会发现这个品牌的产品品质的变化，最后抛弃这个品牌。其他的一些企业在面对它们无法完全理解或拒绝适应的技术进步和社会转变时变得畏缩不前。（美国的柯达公司就是一个典型的案例，尽管这不是一个家族企业。）然而，最大的危险始终来自继任者的管理不善或是年轻一代中滋生的愤怒和怨恨。

　　有时也会出现家族成员有不同看法的时候，但这几乎始终都是一件好事，也是家族企业的另一个优势，因为那些看似想法过于激进的人可能不会被更企业化的企业聘用。然而，当个别家庭成员拒绝家族和企业的价值观时，这时问题就出现了。以意利公司为例，我们是不会接受那些想要削减

第五章
家庭

成本并降低品质和价格的家庭成员的。这些想法与我们获得成功的关键价值背道而驰。当年轻的家庭成员建议以某种我无法理解的方式使用技术时，起初这样的提议或许不会被采纳，但始终都会有人去倾听。

新鲜的血液

现存的家族企业面临的挑战是如何将新鲜的血液融入其中，而对于那些希望获得魅力的秘诀的非家族企业，它们面对的挑战首先是创建紧密、一致的企业形象。为了企业和品牌的长远发展，所有的企业都需要去创新。在意利公司内部，企业吸收新生代的前景总是能令我感到高兴；我知道他们会促使我审视企业的战略并改变那些已经过时的决定。但这些年轻的成员必须首先受到良好的教育，同时他们也需要工作经验（最好是在与我们家族企业无关的独立企业内工作）。当他们最终加入意利公司时，他们必须证明他们的建议能够奏效。

我们的家族内存在一些用于描述后辈的职责并被视为"规章制度"的东西，年轻一代的家庭成员必须签署这份文件并照此行事。如果他们拒绝这么做，随着企业的新老交

品质至美:
意大利品牌卓越的秘密

替,他们最后只能担任股东。当我最初在意利公司工作的时候,我们在整个罗马只有3位客户。我想要去获取更多的客户,但我的父亲并不鼓励我去这么做,因为他发现罗马的客户不能够及时支付账单。我必须去证明这样的事情不会发生在其他罗马的潜在客户上。渐渐地,我的父亲允许我去增加少量客户,当我设法使这些人及时支付账单后,我被允许去获取更多的客户,几年后,罗马成为我们在意大利的第二大市场。

将家族的概念适用于传统的、非家族企业是具有挑战性的。首先,要问问你自己想要达成什么目标,以及你在现存的机构中发现了哪些劣势。家庭关乎着信任、亲密、共同的愿景和长远的思考。这需要你去调整目前的流程去实现长期的增长、践行可持续的理念以及创造出惠及多代人的前景。你为什么不能以30年或40年后仍然行之有效的理念去创建企业呢?你为什么不去创建一个能够长期留住优秀员工的企业呢?为什么不去做这些事呢?

你还需要去考虑谁应该在你的企业等级结构中扮演什么样的角色。作为家族企业的一部分,你需要理解其内部存在传承脉络,有既定的流程来确保年轻的成员拥有上升的路

第五章
家庭

径。在家族企业中，每个家族成员通常都会觉得他或者她有能力去担任经理或者主管，他们想当然地觉得自己应该拥有这样的权利，认为自己有这样的资格。但实际上，他们拥有的唯一权利就是可以持有企业的股份，至于其他，他们必须靠自己去争取。因此，你需要在家族企业内部制定强有力的规则去保护其他的员工免受来自那些超出自己权利范畴的家族成员的影响。永远不要将亲属安排在存在隶属关系的岗位上，这将会引起纠纷，还可能会导致某个亲属不得不去遮掩自己亲人所犯下的错误。这样的规则应该适用于所有的家族成员而不只限于企业所有者。

在这方面，家族企业不同于大企业，因为家族成员之间在工作环境之外必然还需要继续交流往来，我们必须时刻提防滥用职权、管理不善以及其他任何欠妥的行为。在家族企业中，父亲会交棒给自己的儿女、孙辈，代代相传，在每一代人为下一代人让路的同时，多年前确立的价值观得以传承下去。我们深知，如果没有这些核心价值，我们将难以为继，家族企业将面临很大的风险，我们不会放任糟糕的管理者扰乱运营或放任不合格的人在数十年间接连失败。

当你在审视自己的企业时，问问自己什么是它的核心价

品质至美：
意大利品牌卓越的秘密

值，你会把企业和品牌的哪些精髓传递给继任者，重视它，珍视它，永不妥协。

杰尼亚（ZEGNA）

虽然我更喜欢穿着随意一些，但在很多场合，我必须穿得更正式一点，比如参加会议或者出席某种活动，我需要表现得举止优雅或风度翩翩。在这些场合中，我几乎总是穿着杰尼亚公司制作的西装。这是一家由家族经营的豪华男装企业，已经成为展现意大利风格时装的典范。杰尼亚的西装很柔软，却和它们的休闲服装一样耐穿。不知何故，它们衣服的面料是冬暖夏凉的。我可以一整天都穿着杰尼亚品牌的衣服，永远不会起皱，这正是真正精细纤维的标志。

杰尼亚品牌由埃尔梅内吉尔多·杰尼亚（Ermenegildo Zegna）在1910年创立，是意大利家族企业两种经营方式的范例。首先，从字面上看，迄今为止，杰尼亚公司已经历经四代人，而当代人做得极为出色。其次，杰尼亚公司源于一个大家族。埃尔梅内吉尔多·杰尼亚来自意大利北部的比耶拉省（Biella），企业现在仍然与当地关系密切，并对比耶拉当

第五章
家庭

地的居民、土地和环境充满责任感。

我见到了家族的第三代成员,现时担任杰尼亚基金会(Fondazione Zegna)主席的安娜·杰尼亚(Anna Zegna),会面的地点选在她的乡间别墅。这是一个愉快的夏日,空气中弥漫着忙碌的气息,远处还有施工的声音传来。她告诉我工人们正在重铺工厂周围的道路,尽管这些路并非杰尼亚公司所有。他们正在积极地恢复杰尼亚家族所在的特里韦罗的环境,种植树木并加固土地。他们这么做只是因为家族对这里的土地和居民怀有的责任感。他们延续着祖父的信念,他们做的每一件事都必须最终使这里的土地和居民获得超出他们预计的更多的好处。

正如我和我的家族以及书中着重介绍的其他家族一样,安娜对她家族的历史有着极为深刻的感悟。她对杰尼亚家族生意的起源故事了如指掌,家族生意早期的发展为她的家族现在的经营方式奠定了基调。她告诉我她是如何研究她祖父的生活的,并认识到对于他祖父而言,品质的概念已经扎根于他的灵魂中。埃尔梅内吉尔多·杰尼亚出身很普通,是一对寻常夫妇的第十个孩子,他和家人一起住在养鸡场中。他是家中最小的孩子,但不知为何他身上有一些不寻常的东

品质至美：
意大利品牌卓越的秘密

西：对生活的目标和对品质的热情，这直接源于他如何看待这个世界。品质很难被定义，对一些人来说，品质体现在日常生活的细节和他们的生活方式中，还有一些人不太在乎品质，无论如何他们都能过得很好。

安娜对我讲道：

对于我的祖父埃尔梅内吉尔多而言，这正是他的使命，他想要做的不是去复制，不是去重复别人，而是去创造一些独一无二的东西。我们自此一直坚持这样的愿景。在我们的家族里，每一代人都在前人的基础上建立了一些新的东西。就这样，我的祖父生产羊毛面料，我的父亲和叔叔这一代人制作成衣并开始在意大利以外的地方销售产品。现在，我的兄弟吉尔多（Gildo），我们的首席执行官，和我们这一代的其他家族成员正在迈出下一步，在全世界范围内直接经营店铺。我的侄子爱德华多（Edoardo），是吉尔多的儿子，在美国拥有自己的数字营销业务。所以，请他加入并为杰尼亚公司推出新的全渠道项目也是很自然的事，这意味着接触点不再仅限于店铺的数量而是达到难以计数的规模。

第五章
家庭

现在爱德华多在杰尼亚公司担任创新和客户战略主管。

杰尼亚公司和意利公司一样，每一代人都在上一代人工作的基础上不断进步。而且因为几代人都为同一个目标而努力奋斗，而我们又将自己视为这一长队人中的一员，所以新任的首席执行官们不会想通过彻底改变数百年来行之有效的战略来"留下自己的印记"。当有新的首席营销官上任时，我们也同样不会经历许多企业都需要经历的混乱。

通常这些高级创意主管只会在一家企业待上几年。他们可能有一只眼紧盯着大门，同时希望自己能在短期内作出彻底改变，这么做只是为了向下一家企业的董事会或股东证明他们是"有远见的"。家族企业不太会受到这种想法的影响，部分原因是我们对存在于几十年前或几个世纪前对我们的企业有效（或无效）的东西有着深入细致的认识。这使我们更具适应力，因为我们能够以史为鉴，在涉及一些大胆举动的决策上，对自己的智慧充满信心。

这样的信念也迫使我们以一种很少出现在企业集团或私人控股企业内的方式来关心我们周围的世界。安娜告诉我们应该如何去做：

品质至美：
意大利品牌卓越的秘密

一开始，可持续性就很重要，当时我的祖父开始种下50万棵树中的第一棵树，用来弥补因开办毛纺厂而开辟出的一大片土地。随后，他开始关注工人和当地的社区，他为当地社区修建了一个游泳池、一些体育场馆和餐厅。现在，他的愿景是建成杰尼亚绿洲（Oasi Zegna），这是一个面积是中央公园（Central Park）30倍大的自然保护区，它的建成旨在践行埃尔梅内吉尔多"绿色思维"的理念。近期为了庆祝杰尼亚公司成立110周年，我们决定在杰尼亚绿洲种植更多的树木。我们这样做是为了将祖父保护和改善环境资源的努力延续下去。我想，我的祖父在1939年看着这片空旷的土地，并设想到它能够变成现在这样，一定会很高兴。

一个家族企业如果不能将家族的概念扩展到在土地上劳作和制造产品的人们，以及那些在生活上与经营和拥有这家企业的家族交织在一起的人们，那么它将难以长久。我认为没有哪一家企业比杰尼亚公司更能理解这一点，它正积极致力于改善这些大家庭成员的生活。

第五章
家庭

付出与回报

这样的信念体系的核心是"我们得到了一些东西,我们应该回馈"。这种回馈是多方面的,可能是关心你的受聘者或关心你的企业所依赖的土地和资源,并为更美好的未来播下种子。埃尔梅内吉尔多·杰尼亚创始人奖学金设立于2014年,它为那些希望去国外学习的意大利学生提供经济援助,帮助他们将那些宝贵的知识和经验带回意大利,从而为意大利未来的发展作出贡献。

心理学家詹姆斯·希尔曼(James Hillman)在2010年为杰尼亚公司成立百年纪念写了一篇《品质的道德准则》(Ethics of Quality)的文章,安娜指出了其中她特别喜欢的一句话:"奢华的本质源于大自然的奢华。"她凝思片刻,然后对我说:"奢华对我来说也是一种品质,奢华的灵感确实来自大自然。"

为了证明这一点,安娜向我展示了一张杰尼亚绿洲里的树木颜色变化的照片,从绿色变为美妙的金色、黄色和橙色。这种感觉就好像你被大自然所围绕,它散发出的美使你应接不暇。当安娜谈到这片珍贵而又特别的地方的美时,她

品质至美：
意大利品牌卓越的秘密

对这片土地的热爱和深切的承诺溢于言表。事实上，所有以某种方式与魅力企业相关的地方都必须被视为珍贵和特别的。当你在考虑如何获取生产产品所需的最佳原材料时，这句话尤为正确。

杰尼亚公司和意利公司一样都仰赖最优质的原材料，企业有一套体系用于识别和奖励那些生产出最精细、最结实的纱线的最佳供应商。此外，与意利公司相同，杰尼亚公司也未雨绸缪，仔细思考气候变化是否会对其未来的业务构成影响。企业所需的大量羊毛都采购自澳大利亚，此时该国正陷于长期干旱之中。正如安娜解释的那样："那里天气很炎热，所以你应该怎样去管理牧场？怎样去饲养牲畜？怎样去照顾你的羊群？所有的这些决不能以破坏你所居住的环境为代价来实现，所以，需要进行广泛的宣传教育。"

这就是一流的供应渠道与家庭般的关系产生交集的地方，正如我们在更努力地确保我们的供应商能够在面对充满挑战和不可预测的未来时保持韧性一样，随着世界变得愈发干旱和炎热，杰尼亚公司也必须与其供应商合作。安娜强调与这些遥远的牧场主保持联系是极为重要的，"你对供应商的品质要求越高，你就越需要更多地就他们做得好的方面向他们

第五章
家庭

反馈。否则,他们将难以按照你的需求持续改善品质"。

持续、友好和直接的沟通是关键。什么才算是一个正常运转的家庭,而不是一群可以开诚布公交谈的人?这是一个大家庭,在宏观层面,大家都要认识到我们确实是站在一起的。这样的理念适用于所有直接为杰尼亚公司工作的人。

安娜的兄弟吉尔多经常说杰尼亚公司既是一个家族企业,同时也是一家私有企业,其管理方式与上市企业一样,具有扁平化、透明、共享和酬劳丰厚的特征。企业推行一种360度的沟通理念来与员工共享新闻、目标和指标,不论他们是白领、工厂工人还是销售人员。据安娜介绍,"杰尼亚虽是家族企业,但这种360度的系统意味着我们全部数千名员工都是这个大家庭的一部分"。

就像意利公司会对获取品牌标识的咖啡馆、餐馆以及其他标有意利品牌的商品进行控制,杰尼亚公司也是如此,它意识到将自己声音清晰地传递给客户的重要性。和我们一样,杰尼亚公司发现,当其产品在私营店铺进行销售时,它的声音就会被稀释。"一些销售杰尼亚产品的店铺只专注于商务套装,而另一些则主要销售运动装,"安娜说道,"而且,因为我们都自认为自己在意大利是设计师,那些店铺的拥有者会从个人角

品质至美：
意大利品牌卓越的秘密

度对品牌进行解读而不会去尊重这个系列的愿景。"

2010年，杰尼亚公司在米兰开设了一家门店，由著名建筑师彼得·马里诺（Peter Marino）进行设计，他也曾与香奈儿（Chanel）、路易威登（Louis Vuitton）和宝格丽（Bulgari）等品牌有过合作。彼得以在设计中展现出的独特视角而闻名，他从品牌的形象取材，并将其标志和视觉效果融入建筑。现在，当你踏入杰尼亚公司的门店，你将感觉到自己置身于一家展示男士生活方式的店铺。店里布置了很多木头和自然的图形，精选的服饰有条理地散布其间。环境和产品的融合创造出一种特别的力量，使每个系列都显露出某种不一样的气质。

经营一家家族企业在很大程度上与价值观相关。不论是杰尼亚公司还是意利公司，这些价值观都刻在品牌的"品牌基因"中。安娜时常会认真思考她祖父在这个国家的根。对这个自然生长、天然的世界的尊重和热爱是品牌一切行为的原点，因此，杰尼亚公司在其社交媒体上发布的杰尼亚绿洲的图片和服装的照片一样多。

由此可见，任何品牌、企业或者企业都需要知道它们"基因"的核心真理是什么，它会为你提供指导，帮助你在

第五章
家庭

困难时期做出正确的抉择，使你忠于提高品质的使命，即使你周围的人希望去淡化它。所以，你的企业——引申到你的家庭——应该去相信什么？哪些原则在指导你并影响你的工作？当然这些价值观不一定是家族企业独有的，你可以将它们应用到你从事的任何行业之中。安娜简洁地对这些价值观进行了分解："首先，你需要有一个愿景，它能带给你一些超越空间限制、发自内心的东西。你内在的一些东西会从内部驱使着你去创造出一些想法。起初，这样的愿景是模糊的，在你开始一个新项目时，你几乎无法去定义它。但这个愿景必须是真实的，意味着它需要与你作为个人、品牌或者企业的定位相关，它还需要与你的个性保持一致。最后一点，你的热情是所有一切的起点，如果缺乏热情，你将无法应对挑战和失败。"

还有一个关键要素是你需要对你所在行业的传统有着深入的了解：在你之前发生了什么，它们因何成功或失败，你应该如何去改进。

"其次，除非你确切了解所有的流程并知道如何设计（就我们而言）完美的男士服装，"安娜说道，"否则你就不可能打破陈规并创造出一些完全不同的东西。"

品质至美：
意大利品牌卓越的秘密

你还需要深入了解你的客户。安娜继续说："最后，企业最重要的传统和价值就是我们的客户。你当然可以继续拓展新的客户，但你必须首先真正持续地与现有的客户保持联系和互动，因为他们热爱这个品牌，会再来惠顾并会和你一同成长。以客户为中心是杰尼亚的金科玉律。"

在我们即将结束谈话时，安娜分享了她人生哲学的最后一个关键部分：technē，在希腊语中意指美、直觉和技术的融合。和我一样，她相信技术对人们过上美好的生活和企业的良好经营大有裨益。杰尼亚公司的"时尚可持续"活动促进了品牌对于使用天然和"技术"面料以及创新工艺的承诺——这一切都是为了实现生产过程零浪费的目标。

但技术也必须与直觉和美相平衡，我认为这样的平衡行为是家族企业的最终属性。因为我们能直接感知到有关我们是谁及我们在历史上和文化上的"基因"，所以我们更愿意去相信自己的直觉。毕竟，这种直觉是基于我们对家族企业发展历程中的每次成功、失败或者经验教训的了解。在你前进的过程中，你需要穷尽各种方法去发现、理解和落实你企业的"基因"，请将它正式纳入你的企业文化，并以此为指引帮助你在困难时期做出正确的选择。

第六章
简单

很多年前,有一次我和妻子考虑购买某种微波炉来升级一下厨房,微波炉本身是极好的:能够把食物准确地加热到指定的温度,机身线条简洁、优雅,非常适合我们的20世纪50年代极简主义美学风格的周末的家。我和妻子几乎已经拿定主意:这就是我们想要的。直到她问:"我们如何关闭哔哔声?"每按一次按钮,微波炉就会发出哔哔声,如果你想升高温度,每升高5摄氏度机器就会发出一次声音,还有在你想要设置计时器或调整时钟的时候,每增加1分钟,它也会发出一次哔哔声。几分钟后,我们再也不想忍受这样的哔哔声。

品质至美：
意大利品牌卓越的秘密

很快我们就意识到这款微波炉有多种不必要的功能。说明书和一本床边小说一样冗长，自动化设置显然没有任何限制。我们询问销售人员是否可以禁用哔哔声并向我们解释一下说明书，但最后我们放弃了，选择了一款更简易的产品，这让销售人员感到十分惊讶，他再次说明第一款微波炉是店里最先进的产品。但它的说明书过于复杂以至于无法带给用户更多的选择，哔哔声的存在本来是为了帮助用户，但销售人员却不知道如何关闭这样的声音。

几年后，我会见了美国一家大型技术企业的首席创新官。在一次关于产品设计的谈话中，我提到这款烤箱极其复杂的说明书和不断的哔哔声有多么令人恼火："他们为什么要这么设计？"他的回答很简单：大多数的产品工程师都是非常理性和擅长逻辑思维的人，有时候甚至会过度地苛求逻辑性。在这些人看来，无限的编程选项可以为所有用户提供他们想要的选择和灵活性。此外，哔哔声的存在是合乎逻辑和值得的，它能让用户知道微波炉正在按设计要求工作，每次操作伴随的哔哔声都能使客户确信所需的指令已经被执行。因为他们没有看到这些选项、选择以及技术有任何潜在的缺陷，所以也想象不到会有其他人能发现其中的缺点。所以，即便这样的

第六章
简单

设计给那些频繁使用产品的用户带来困扰，他们还是会继续设计带有这种令人厌恶的哔哔声的厨房产品。

在意利公司的办公室，当一位好心的办公室经理决定购买一款打印机、传真机和扫描仪三合一的设备时，我们也遇到了类似的问题。她解释说相比三台笨重的设备所占的空间，新的机器只需占原先的一小部分空间。我们所有的初级员工和行政人员都学会了如何操作这台设备，但在一天之内，他们的扫描、传真和打印工作都完全乱成一团。多个部门的职员对他们的同事霸占机器而大动肝火，之前运转顺畅的办公室正因为一些本该简单和基础的事情而濒于崩溃。

我认为美国的产品设计师和我们自己的办公室经理忽略了一些显而易见的东西。有时，改进不是为了增加更多的功能，而是为了去除那些徒增不必要的复杂性的功能。简单往往是在不知不觉中感受到的，我们或许能"看到"优雅和精致，但我们真正赞赏的是简单性以及它能够帮助我们减少生活中的分心和挫败感。在选择厨房设备、衣服、包或者汽车等耐用品时，简单性正是消费者所寻求的东西，甚至他们自己都没有意识到这一点。我们中的大多数人都喜欢那些使用简单、直观的东西，无须阅读说明书。苹果手机或其他任

品质至美：
意大利品牌卓越的秘密

何苹果企业的产品就是最明显的例子。试想购买一件可以直观地投入使用的科技产品而无须说明书是多么自由的事情。宜家公司和它的火柴人风格的指南也是如此。复杂性时常令人分心，它隐藏了你的产品的缺陷和弱点。如果你的产品需要数百页的说明书来指导用户如何使用，那么你的产品一定是有缺陷的。同理，如果你的产品的口味需要添加其他的元素才能变得美味，那么你所做的一些事情从根本上就是错误的。还记得波音飞机的例子吗？如果没有附加的软件升级，波音747飞机实际上不适航，这样的事实就证明了它存在严重的问题。一款飞机不应该通过增加额外的复杂性来使其能够安全地工作，尤其是这样的复杂性在关键和危险的时刻会让飞行员感到迷惑。

意大利式的简单

我认为意大利人喜欢简单，我们意大利人确实开创了奢华、繁复的巴洛克风格，并将镀金的工艺和艺术品传遍整个欧洲。但在内心深处，我们十分了解顶级原材料的价值，无须多余的加工或改进就可以直接享用。在我一生中吃过的

第六章
简单

菜肴里，没有几道菜是数年后或数十年后我还能记得的。其中之一是大厨瓜蒂耶罗·马切西（Gualtiero Marchesi）制作的米兰烩饭（risotto alla Milanese）。还有一道简单的菜：用特级初榨的橄榄油烹制的蔬菜，这是库内奥（Cuneo）附近的一家餐厅供应的。这道菜十分美味，对蔬菜和橄榄油味道的平衡拿捏得恰到好处，让我永生难忘。蔬菜被料理到只余其本味；每咬一口，口感（时而松脆，时而柔软丝滑）都令人惊喜。南瓜的微妙甜味和番茄不期而遇的酸味让人每尝一口都会感到味道有些许差别，而菜品中却没有添加任何调味剂。这是我们在意利公司生产的所有产品中践行的短配方理念的又一经典示例，也是简单比复杂更引人注目的本质所在。

主厨马切西的厨房同样只保留一些必要的用具。他的米兰烩饭用大米、藏红花和其他少量佐料制成。烹饪过程也很简单。简单意味着你能够坚持使用一些简单的工具去完成自己的工作，并摆脱其他任何多余的东西（或者在理想情况下，首先应该去避免购买这些东西）。意大利的厨房里很可能不会有任何特别复杂的器具，例如电压力锅、低温慢煮机或者空气炸锅。但里面一定有用于特定用途的刀具、盘子和锅具。Passaverdura（一种食物粉碎机）用于将鱼汤中的骨

品质至美：
意大利品牌卓越的秘密

头和肉分开，或者分离番茄的籽和皮。还有一种又高而窄的容器，当放入意大利面时，里面的水可以迅速恢复到煮沸状态。此外，荷兰烤箱（Dutch ovens）可以用于制作任何需要长时间烹制和需要控制火力的菜品，比如炖菜或豆类。新月形或者半月形刀，以来回摆动的方式将大蒜和香菜切碎；Padella是一种圆边深底的炒锅，用于煎炒肉类。

很多这些刀具和炊具是许多年前流传下来的，可能在数十年的使用过程中产生了凹痕或缺口，但它们充满回忆而且很珍贵，因为我们的祖父母或者父母曾经使用它们来喂养我们。我们在做饭时会去搅动灶具上的锅，不时去品尝和改进我们做的食物，根据需要去适当地调味。厨房里的简单性要求有最好的原材料、最合适的烹调工具还需要烹饪者保持小心谨慎。

当然，企业中的简单性也需要满足同样的条件。

商业实践中的简单性

当你在寻求通过新产品和新市场扩展业务时，保持警惕至关重要。大多数的欧洲大企业最后都会考虑向美国扩张，

第六章
简单

有些成功了，有些则不然。1980年，我的父亲决定尝试在亚利桑那州（Arizona）的凤凰城（Phoenix）销售浓缩咖啡。我们推断当时已经有很多喜欢浓缩咖啡的欧洲人居住在纽约和旧金山，他们会有兴趣去尝试我们的产品。但在向这些城市进军前，我们想知道那些没有受到欧洲人的看法和观点影响的美国人是否也青睐我们的浓缩咖啡。我们十分确信我们产品的品质优于这些消费者能够买到的其他任何咖啡。

我们决定为美国的消费者打造一款新产品：专门为餐馆和酒店设计的浓缩咖啡机。我们已经在荷兰、德国和法国推出类似的产品并大获成功。我们认为这款产品只需在电子元件上做一些细小的调整即可上市，在美国市场也会大受欢迎。这台机器很沉重，也谈不上美观，还需要手动操作，我们当时并未意识到这会是一个问题。但很快，我们的新客户就向我们反馈说他们的酒吧服务员不同于欧洲的同行，美国客户完全没有时间去紧盯着咖啡杯并在一个完美的时间点（大约20秒）关闭机器来使杯子装满适量的咖啡。相反，他们会跑去另一桌服务或制作其他的饮品，导致杯子里的咖啡溢出，这杯咖啡也就被毁掉了。于是，我们将设备取回，并进行重新配置为其添加自动化的功能，但机器又在每天中的

品质至美：
意大利品牌卓越的秘密

随机时间点出现了离奇的短路现象，归根结底，这些机器的设计并不能够应对美国的电力浪涌。最后我们也解决了这个问题，却付出了巨大的代价，遭受了严重的挫折。

我从这件事中吸取了两条经验教训。第一，我将我的生活因向美国扩张所要面对的挑战，变得过于复杂。从那一刻起，我再也没去尝试将一款新产品引入一个全新的市场之中，相反，我只专注于二者中的一个方面。第二，我意识到简单性对不同的市场意义也不同。我们的欧洲客户乐于用手动的机器去控制，而他们的员工本身也都是鉴赏好咖啡的行家。他们以能够完美地掌控煮制周期的时间为傲，并在准确的时刻守在机器旁，扭动开关，完成煮制。我们的美国客户没有这样的时间或和我们一样的对咖啡的感情，对他们而言，我们的简单性是有瑕疵的，它使生活变得更复杂。

尽管我们最终创造出了适合我们品牌的产品，我还是意识到了简单的重要性。如果你开始践行简单性，你可以去教导你的客户，去赢得他们的支持，直到他们对你的产品足够熟悉而无须更多的解释。

第六章
简单

面对复杂时保持简单

一些企业以为通过添加更多的成分（或元素）就能够满足更多的消费者，这就偏离了主轴。纯正的波莫多罗意大利面（Pomodoro）中只含有通心粉、番茄酱（与一些大蒜烹制）以及橄榄油，并在面上添加帕尔马奶酪和新鲜罗勒。添加额外的香料可能会让喜欢它们的人满意，但会使了解这道菜是如何制作的行家失望。

当然，如果你打算供应这种简单的商品，那么它必须具有极佳的品质。你还必须接受一点，那就是你无法让所有的潜在客户都满意。你必须对消费者进行细分，然后专注于你选择的细分市场，并为这些客户生产适合他们的产品。很少有企业能够有这样的实力和信誉，他们通常会去试图取悦所有人。全球竞争正为市场带来完美契合每个细分市场的产品，如果某家企业试图去满足每个人，那么最终结果很可能是它无法满足任何人。

阿涅利家族企业是一个很好的案例，说明了简单性是如何使一个肆意扩张、苦苦挣扎的企业重新聚焦的。作为意大利最著名的家族之一，这个家族是魅力、浪漫和颓废的缩

品质至美：
意大利品牌卓越的秘密

影，这一切被家族的私人飞机、私人火车、宫殿般带围墙的庄园以及罗马和纽约最上层社会的成员身份所掩盖。杜鲁门·卡波特（Truman Capote）将马雷拉·阿涅利（Marella Agnelli）选定为他的度假胜地之一。马雷拉和她的丈夫詹尼·阿涅利（Gianni Agnelli）曾在意大利阿马尔菲（Amalfi）与杜鲁门、约翰·肯尼迪（John Kennedy）和杰奎琳·肯尼迪（Jackie Kennedy）一起避暑。确实，我这一代人将阿涅利家族描述为"意大利的肯尼迪家族"[现在或许已经过时了，但我不会将他们与现在美国最著名的家族卡戴珊家族（Kardashians）相提并论]。无论如何，阿涅利家族在我们的意识和文化史中仍然占据着重要地位，他们的产业每天都会涉及我们大多数人的生活。

阿涅利集团是菲亚特汽车公司的母公司，后者成立于1899年，最终发展成为意大利最重要的企业之一。1923年，菲亚特汽车公司接手了尤文图斯足球俱乐部。到20世纪下半叶，菲亚特汽车公司已经有超过10万名员工并制造了超过150万辆汽车。企业大举扩张，投资了其他标志性的意大利汽车品牌，比如法拉利汽车公司，还收购了美国的克莱斯勒（Chrysler）企业。阿涅利集团还进入很多其他行业，包括出

第六章
简单

版业[收购了经济学人集团（Economist Group）]和房地产业。企业领导人忙于这些快速和无序的扩张，结果和贝纳通公司一样，他们没能看到来自日本和德国的竞争对手对他们的核心业务——汽车造成多么大的威胁。正当一个事关生死存亡的噩梦已经迫在眉睫时，企业又必须直面新的打击，去经历对任何家族企业来说都最为恐惧的事情：因完全意料之外的事情而失去企业的假定继承人。1997年，詹尼的侄子乔瓦尼·阿涅利（Giovannino Agnelli）死于癌症，而在2000年，詹尼·阿涅利唯一的儿子爱德华多（Edoardo Agnelli）在自己46岁时自杀身亡。

在21世纪的第一个10年里，阿涅利家族由于无法偿还巨额贷款，面临着失去对菲亚特汽车公司的控制权的更大危险。幸运的是，他们凭借自己的投资组合还清了债务并保住了对企业的控制权。然而，一想到阿涅利家族会失去对其核心品牌和开创所有这一切的企业的控制权，不免会感到震惊。

而后阿涅利家族企业决定重新聚焦于汽车行业，得益于伟大的经理人塞尔吉奥·马尔乔内的加入，他将克莱斯勒汽车公司和菲亚特汽车公司合并，从而拯救了克莱斯勒汽车公司，即今日的菲亚特克莱斯勒（FCA）集团。它重新成为一

品质至美：
意大利品牌卓越的秘密

家成功的企业，目前正在与法国标致汽车公司（Peugeot）进行合并，合并完成后，企业的名字会变为斯泰兰蒂斯汽车公司（Stellantis）。

由此可见，即使是"阿涅利帝国"这样的大型企业也可能会为了追求更大的目标而偏离重点并将简单搁置一边。不管怎样，在世纪之交，在阿涅利家族企业处于最脆弱的时候，失去焦点会威胁企业的长期生存。通过将注意力从那些分心的事和其他"喜爱的项目"上收回，并专注于菲亚特，阿涅利家族成功地巩固了"阿涅利帝国"。

专注红利

在你自己的企业里考虑这一点的一种方法就是透过"专注红利"来看待它。根据这个概念，相比我们能轻易、免费地获取任何我们所需要的东西，当我们缺少某种资源时，无论是完成项目所需的时间，还是资金，或是其他任何对生产力来说所必需的事物，我们能够出人意料地迸发出更大的创造力。如果你回顾自己的人生，很可能有一段时间你缺少钱、时间、材料或是其他成功完成一个项目所必需的元素，

第六章
简单

然而最终你却做到了。当遭遇像阿涅利家族企业那样的麻烦时，企业通常会进行简化。当你发现自己正在这种无目标的、不确定的困境中挣扎时，请你确保你明白自己还有机会。如果你将对未来的恐惧和不安抛到一边并只使用手上现有的资源，你或许会发现你正在以一种更聚焦、更合乎逻辑和更易成功的方式工作。

根据我的经验，我发现当自己在面对难以应对的局面时，比如，当我们没有资金或时间来成功完成一个项目时，往往会收获意想不到的成功。事实证明，你并不需要自己想象中的那么多东西，眼前的紧迫感会消除那些通常困扰你一整天的无休无止和令人分心的事情。当你从工作中抬起头，你会发现自己已经完成了要做的事情。

简单性的一部分是将专注红利的概念先行应用于你的企业。请你思考一下，在你的预算、产品线或做事的方式中，哪些元素是"必不可少"的？也许并没有。现在，我不是建议你以此为由要求你的员工完成更多的工作或者是削减他们的福利或优惠待遇。相反，请你考虑你的流程中是否存在过时或者不必要的方面。你真的需要所有的分支机构之间的每周会议吗？你能落实2020年的一些经验教训吗？许多员工在

品质至美：
意大利品牌卓越的秘密

没有部门领导持续亲临监督下，也能够保持高效。你能够简化那些老旧的、不必要的做事方式吗？在疫情后的世界，哪些分散注意力的事情阻碍你的企业向前发展和进化？

更为有趣的是，你是否曾错误地假设客户想从你那里得到什么？你是否提供了不必要、过于复杂或者与客户需求完全不符的产品？正如我最后购买了一台只专注于做好一件事的微波炉，而不是那台更复杂的并令我感到困惑的机器，因此，你的客户或许更希望你能去简化你的产品。有没有办法通过删除不必要的事物并重新聚焦于客户真正优先考虑的方面来节约资金？我仍然在想那道简单的菜品，味道卓绝，以至于我从没能成功复制它们。你有机会向你的客户提供类似的东西吗？

第七章
培养

参观我们家族的各种各样的庄园和产业是我生活中的乐趣之一。除非出现严重的事情或有问题需要解决，否则参观这些乡村地区是件令人开心的事情。在这些地方，我们的原材料，也许是橄榄或葡萄，在树上或藤蔓上慢慢地成长。因为我们践行"绿色"农业，我们鼓励大多数当地的鸟类和小动物留在这片土地上（除非它们危害农作物）。当地的草本植物和青草能够在一排排葡萄藤蔓间生长，最终它们将被用来为土壤提供天然的肥料。当我驾车前往蒙塔尔奇诺去参观我们的酒庄马斯特罗扬尼时，我喜欢清晨去葡萄园里散步。我时常会遇到一些狍、野兔或是雉鸡，我很高兴看到一切都

品质至美：
意大利品牌卓越的秘密

井井有条，无论是我的产业还是自然界。

持续的培育和扶持极味公司旗下（参阅第五章以获取更多信息）的所有品牌是我的职责之一。我必须确保企业所有的要素都能保持健康，业务中的所有环节都能相互协调，以及不论是严重的霜冻还是干燥的夏日都不会引发整个供应链的混乱。这样的"培养"是多层次的，我还必须去培育企业的文化。在我们的办公室和工厂内，我需要培养全体员工的一种共同的目标感和满足感，为此，我尝试尽可能多地去了解员工：当他们不开心时我会去倾听，了解他们为什么会感到沮丧。最后，将由我来培育出我们要做什么和为什么这么做的整体愿景。在过去的15年时间里，我本有十几次的机会从根本上改变我们所做的工作，以及采取一些行动使企业成长为更大规模的企业。在这个替代版本的意利公司中，我们可能已经创建了数千家咖啡馆而非数百家；或者出售低价版本的产品以扩大我们的影响力。

但意利公司绝不会以如此极端的方式进行扩张，有两个原因：第一，只要我们继续坚持只使用最佳的原材料，我们的产量就会受到限制；第二，只要我们继续使用要求更高的低温工艺去提炼我们的可可和咖啡，我们就只能做一家小企

第七章
培养

业而不会变为国际性的大品牌,后者的产品遍布从旧金山到悉尼再到新加坡的每一个街区。这样的选择是有意义的,也是我们作为一家企业去定义"我们是谁"的核心。坚持这样的选择需要持续培养,这意味着我需要我的员工、家庭成员和供应商保持联系去确保我们都认可这样的愿景,为此,只要有时间,我就会前往我们的各个种植园。

去托斯卡纳的酒庄轻而易举,但想要环游世界去参观我们意利公司其他的种植园就没有这么容易了。我们大多数的可可、咖啡和茶叶合作伙伴都在偏远的山区。他们中的大多数都是家族企业,我们与这些人的合作已经有数十年了。有些种植园坐落于委内瑞拉和厄瓜多尔的绿色的热带山丘之上,而我们的茶叶种植园则位于印度、中国和斯里兰卡。历经数十年,我们才与这些与我们有相似信念的种植园和家族建立关系。

厄瓜多尔的魅力

走出带有空调的汽车,进入可可种植园之中,这样的体验是绝无仅有的。滚滚热浪席卷而来。天然的植被郁郁葱

品质至美：
意大利品牌卓越的秘密

葱，与当地的高海拔地形相融，而那里的种植园小屋此刻早已与周围浑然一体。这与我在意大利的生活截然不同，但又感觉到这是一种延续。这里的人辛勤劳作去悉心照料那些树，然后收取果实，可以说他们与我的事业休戚与共。多莫瑞公司与两处种植园拥有合作关系，其中之一位于委内瑞拉，被称为圣何塞庄园（Hacienda San José），我们与弗兰切斯基家族（Franceschi family）各自持有一半的股份。弗兰切斯基家族源于法国的科西嘉岛（Corsica），但在委内瑞拉已经居住了将近200年的时间，主要从事可可的种植和贸易。另外一处种植园，圣克里斯托瓦尔庄园（Hacienda San Cristobal），位于厄瓜多尔。

关于巧克力，有一条被所有种植者认同和接受的事实，那就是可可与遗传学相关。如果可可树品种优良，并得到正确的照料，那么一定会结出优质的可可。反之，假如可可树先天不足，那么无论后天如何补救都无法产出高品质的果实。而这与葡萄恰恰相反，具有相同遗传特质的葡萄株，在一处葡萄园内可供酿造出优质的葡萄酒，但在数英里以外的地方，由于小气候和土质的细微差别，酿出的葡萄酒可能暗淡无光、毫无生机、难以饮用。

第七章
培养

最佳的可可品种是克里奥罗,其占全球可可总产量不足0.1%。该品种生长期较长并需要更为精心的照料。对于大多数巧克力生产商而言,这样的额外付出并不值得,尤其是当该品种的成品价格高于消费者已经长期习惯的巧克力价格时。然而对于我们来说,克里奥罗咖啡豆和阿拉比卡咖啡豆在我们心中占据同样的地位。尽管前者更难以种植,更加昂贵,甚至有些时候难以加工,却无疑能带来更为美妙的风味。

此时前往委内瑞拉是十分危险的,因为我会面临被绑架或被抢劫的风险。然而,我却有幸能够前往位于厄瓜多尔南部瓜亚基尔(Guayaquil)地区的圣克里斯托瓦尔庄园,这里距海边不远。这是一片极好的丘陵地带,之前曾是热带雨林,现在变成为农业区,你可以在这里发现很多咖啡和可可种植园。为了达到最佳的品质和符合要求的产量,这里的种植园和葡萄园一样,密度很高。几棵高耸的木棉树是这片古老的热带雨林唯一的幸存者,静观着我们和这片风景——一排排整齐有序的可可树,种植园整洁又宁静,鸟鸣多于机器发出的噪声;到了正午时分,在一天中蒸汽般的热浪涌现之时,整个种植园中的所有人都撤到这些树的阴影之下,打盹

品质至美：
意大利品牌卓越的秘密

儿和进食，凝神静气，直到天气变得足够凉爽再重拾工作。

看着这些专业收割者在一排排树木形成的线条上移动是一种乐趣。他们用刀快速地将可可果从树上砍下。然后，他们一手拿着可可果，另一只手拿着刀，将果实从中间纵向劈开。随后，用刀尖从一劈两半的可可果中取出可可豆。整套动作仅需几秒，这速度让我想起变戏法儿的人。

最后，这些豆子被放入一旁的一些木质箱子里，在这里开始缓慢地发酵，形成一些起泡的白色物质，随之而来的是一股奇怪的、出人意料的、刺激性气味。一些壁虎和蜥蜴被这种气味所吸引，工人们一遍遍地试图将它们赶走，但收效甚微。豆子最后被置于树荫下铺开晾干。很少有人能意识到这一步有多么关键。如果这些豆子被过度加热或者被土壤污染，它们基本上就一文不值了。所以，为了避免豆子被晒坏，晾晒工作应当在水泥地面或在荫蔽处进行。在厄瓜多尔，大气层高处的薄云可以散射太阳光，使这些宝贵的作物不至于因被灼伤而品质受损。

最终，这些豆子被称重和装袋，准备好被交付。在整个流程中，工人们始终保持镇静，因为他们知道正确做事比快速完成更重要。这些工人训练有素并充满干劲，他们在下午

第七章
培养

最后一抹余晖中勤恳劳作,完成任务。

最终成果

几周后,这些豆子抵达意大利后会被送入工厂加工,制成一块块混合豆或者单一豆口味的产品。后者是我的最爱,因为你能够体验到不同克里奥罗株之间的细微差别。试尝一块多莫瑞巧克力,你可能会惊讶地发觉这比市面上大多数高可可含量的品牌的产品要清淡一些。有别于深棕色或者黑色,我们的巧克力呈现出如修士长袍一般的淡棕色。为什么会这样呢?这是因为,和我们的咖啡一样,我们将可可豆以较低的温度进行烘焙,从而能够保持其较淡的色泽。经常会有新的顾客询问巧克力是否有好的品质,因为他们将浅色的巧克力块与牛奶巧克力联系起来。我会解释说牛奶基本上是用来掩盖可可的低品质的,我们不会使用牛奶。同样地,我们也不会往巧克力中添加可可脂,此举就像往葡萄酒中掺水。我们绝不会为了提高巧克力产量而稀释其本应该具有的滋味和风味。尽管如此,这些客户看待我们的产品时仍然显得十分困惑。多年的中端"优质"巧克力购买经历,教会他

品质至美：
意大利品牌卓越的秘密

们将黑巧克力和高标准联系起来。

在我看来，帮助你的消费者培养他们对你种植或创造的产品的理解和鉴赏能力，是整个种植流程中合乎逻辑的最后一步。所以，每当有人问起东西好不好，我会鼓励他们去尝一尝。

首先，他们会打开那些小的、方形的巧克力块，并掰下来一角。人们会经常地被这样的简洁设计所惊讶。产品中不含海盐晶体或培根，也不含糖渍姜、姜黄片、水果干、香料或脱水覆盆子，也不会出现带颜色的旋涡或辣椒片。一些喜欢这些新奇事物的人起初会感到失望。但我想要解释的是：如果你将注意力放在巧克力本身，你会品尝到所有的这些元素，甚至还会更多，这仅仅得益于优质可可豆在风味上具有和高贵品种的葡萄以及陈年奶酪一样的层次感和多面性。

试一试我们的初奥（Chuao）品种制成的巧克力，它是克里奥罗的一个变种。刚入口时，巧克力会首先溶化，散发出丝滑的柠檬味前调：呈现出浓郁的柑橘类水果的风味，没有苦涩味。随着柠檬味褪去，巧克力会迸发出一股黑莓的味道，最后以浓郁的、几乎是草本植物的香气收尾。波切拉纳（Porcelana）是克里奥罗品种的另一个变种，它是我们这里

第七章
培养

最娇贵的可可豆：难以种植，但极为香甜浓郁；它本身闻起来像添加了一些奶油。咬一口这种巧克力（生产这种巧克力的厂商很少而产量极低）感觉口中就会充满榛子、香草甚至是面包皮的味道。最后，他们或许会去尝试一小块由古老的瓜萨雷（Guasare）可可豆制成的巧克力，它是克里奥罗的一个品种，最早是在委内瑞拉佩里哈山脉（Sierra de Perijá）的一个河岸上被发现的。瓜萨雷种被认为是所有其他克里奥罗变种的"父亲"，它们都是从瓜萨雷种衍生而来的。这种巧克力富有玫瑰、焦糖和奶油的味道。

这些巧克力中的每一种都是奇迹：这些品种的可可豆正在消亡、被遗忘和忽视，因为它们要求太高且难以种植。我们保护和加固每一株可可树，种植更多的树并和更多的农民签约，不论对我们还是对这些珍稀且非凡的植物来说，感觉都像是一场胜利。每次我们种植这些稀有品种的可可树时，我们都是在保护生物的遗传多样性，这将使可可树在应对气候变化、污染和昆虫时更具适应力。

通过细心地、考虑周详地培育，你的企业也能做到这一点。请仔细审视你的供应链，并识别出那些你可以积极培育出更高品质的原材料的领域。有没有办法使你的原材料"品种"多样化，不论是动物、植物还是矿物？是不是有一些品种因为看上去开发的难度和要求过高而被你忽略？和我们的可可豆一样，这些新的品种或许会带来意想不到的好处，在面对未来的发展或混乱时增强你的业务弹性。

一个巧克力爱好者的责任

当你在审查巧克力的生产过程时，还有最后一件事需要考虑，那就是去关注那些从事艰苦繁重的可可豆种植工作的人们的境遇。我相信透明度，我尽可能多地到访意利公司的那些种植可可豆的种植园，与那里的人随意交谈（通过口译员），我想看看工人们是否健康和幸福。但像我们这样做的只是例外。

很多时候，尤其是在可可生产过程中，种植者的劳动成果的收益少得可怜。这样的最低价格被转嫁给消费者，这就解释了为什么你可以花低于1美元或1欧元的价钱买到一包普通的巧克力。这些农民普遍种植佛拉斯特罗品种——耐寒、强壮但品质低劣。当原材料价格上涨时，大片森林会在一夜之间被一小部分勉强维持生计的农民清除干净，他们往往缺

第七章
培养

乏卡车、道路或其他的基础设施来将自己的可可豆推向市场。结果，这些豆子在历经了一系列烦琐的买家、代理商和中介之后，最终才被那些我们所熟悉的企业购买。

这个错综复杂的中间商网络将农民和最终采购他们产品的企业集团分开，导致农民丧失了所有的议价能力，因为农民从没与那些实际购买他们产品的人建立联系，或者与其他的农民取得联系。大型企业能够合理地推诿它们对这些农民的生活和种植条件不知情，因为它们几乎不可能确定所购买的这些原材料的确切来源。甚至当这些国家的政府介入后，就像科特迪瓦和加纳一样，情况反而适得其反：原材料价格大涨导致更多的农民进入这个市场，结果价格被再次压低。无论是哪一种方式，农民仍然深陷贫困之中。绝望之际，他们只能去砍伐更多的森林，只种植佛拉斯特罗品种去收获更多的可可豆。缺少遮阴植物和深层根系植物导致土壤加速退化，生物多样性的缺乏也会夺走昆虫和动物的生命。最终，土壤肥力被消耗殆尽，农民们继续往森林深处进发，毁林开荒。

与此同时，佛拉斯特罗豆在非洲进行发酵和干燥，然后被运送给世界各地的品牌。这些可可豆随后会被以接近沸点

品质至美：
意大利品牌卓越的秘密

的温度加工72小时，以去除挥发性酸味和佛拉斯特罗豆的味道。当然，在这个过程中，豆子本身有的任何好风味也会丧失。因此，作为最后一步，往其中添加各种各样的调味剂，包括人造香草，也被称为香草醛（以多种原料制成，甚至含有从木料中提取的用于造纸的纤维素后剩下的副产品）。许多更时尚、"品质更高"的品牌也在做类似的事情，添加越来越大胆的甚至是刺激性的风味去盖过巧克力实际（糟糕）的口味（有时大批量生产的巧克力经过溶化、调味，伪装成品质更好的"新潮"巧克力块，然后以和我们的产品近乎相同的定价出售）。

在收获果实的好几个月后，巧克力终于上架销售了。它被以多种多样的形式售卖，比如巧克力块、热巧克力、巧克力碎片、巧克力牛奶、冰激凌、复活节彩蛋以及其他甜点。我们所有人（甚至有时我也会这么做）也都会或多或少地购买一些这样的食物来满足自己对甜食的喜爱或者让孩子高兴。我鼓励任何读到本文的人去思考一下这类非常便宜的巧克力的来源。在这些包装的背后隐藏着鲜为人知的故事，数百万人遭受着折磨，在极度贫困中工作，而那些大企业没有对他们尽到一点责任。他们当中的很多农民甚至从未品尝过

第七章
培养

巧克力，对他们来说，这只是他们居所附近买不到的东西，或者价钱太高不是他们能负担得起的。

这不是我们希望做生意的方式，不论是出于实际原因（我们想要用最佳品质的可可豆来创造出最好的巧克力）还是明显的道义上的原因。在多莫瑞公司创办的早期，我们意识到我们的种植者不吃或不喜欢吃巧克力。这样的脱节使我们很难与他们沟通哪些行得通，而哪些行不通。我们没有试图去改变他们，而是决定去教导他们并让他们参与到最终产品中来。每当有种植者将他们的新产品的样品寄往多莫瑞公司时，我们一定会寄回几盒巧克力到种植这些可可豆的庄园。我鼓励每个人去品尝不同的巧克力块，随后，当我或者某个同事再来到这个地方时，我们就能与那些挑选和加工我们原材料的员工有共同语言了。我向他们解释在阴凉处将可可豆适当发酵和干燥对巧克力的品质有多么重要，因为如果不这么做，最终的味道会有苦味或一些异味。由于我们现在已经有了一个共同的参照，他们能够完全理解我说的话。

其他的种植园可能不会糟糕地对待种植者，但还是缺乏对他们的关心或关注。有的种植者对葡萄藤或可可树浇水不够均匀，后期又对其缺乏照料导致叶片脱落，还有种植者没

品质至美：
意大利品牌卓越的秘密

有对快速生长的藤蔓进行适当修剪，在最糟糕的情况下，你可能会看到工人午餐的残余物，像垃圾一样被堆在阴凉处。这些迹象对我来说是明确的警示，告诉我缺乏照料会导致品质的缺失。最好的种植者热爱他们的工作和他们的种植园，他们希望一切都是完美的，而这样的人正是我们理想的合作对象。

曼奇尼和意大利式的培养

从厄瓜多尔基多机场返回到的里雅斯特的家中需要经历多次长途的飞行和长时间的转机。当我打开家门，受到妻子的欢迎时，我已经又累又饿。此时，我只想要一碗意大利面和一杯上好的葡萄酒。后者可以有多种选择，但前者却总是曼奇尼（Mancini）意大利面，这是一个小规模的品质卓越的手工意大利面品牌。我妻子煮好一锅意大利面，然后立刻制作了一个简单的番茄和罗勒酱。这种面条质感粗糙，而不像我们大多数人所熟悉的机器制成的意大利面那般光滑。酱汁附着在面条之上，整道菜都十分美味。它让我感觉能够待在家中是一件十分幸福的事。

马西莫·曼奇尼（Massimo Mancini）钟爱着他的意大利

第七章
培养

面。当他年轻时，他决定接手祖父的旧农场，在那里建了一个小工厂，并创建起一家"垂直"的意大利面企业。从小麦到最终产品，所有的工序都由他们在自己的土地上完成。意大利面是意大利人的主要食物，有63%的意大利人每天都食用意大利面。然而，正如曼奇尼指出的那样，98%市售的意大利面都是工业化生产的（蓝色包装盒的百味来就是其中最有名的品牌）。它是我们日常生活的一部分，因此很少有人会去探究面条里有哪些成分或者面条的原料从何而来。然而，那些无处不在的产品或者作物（在此处指小麦）却能够产生巨大的影响，不论是对它生长的土地还是对照料它和最终食用它的人们。

随着曼奇尼的产业不断向前发展，他面临三个培育方面的挑战：首先，以可持续的方式种植他制作面条所需的高品质小麦；其次，以最终能够扩大产量的方式生产意大利面；最后，说服意大利人和外界相信以他的古老、缓慢的工艺能够产出具有独特品质的产品。

就像我们的可可种植园和我们照料、培育的多种克里奥罗品种一样，曼奇尼也种植了多个品种的小麦：马埃斯塔（Maestà）、纳扎雷诺（Nazareno），以及现在的农诺马里

品质至美：
意大利品牌卓越的秘密

亚诺（Nonno Mariano），这是他们培育出的一个新的变种，并以他深爱的祖父的名字命名。他们非常小心地将每种小麦种植在最理想的地方，而且在收割前比大多数的种植者等的时间更长，所以收获的谷物中的湿度较低。作物会直接从大气和土壤中吸收水分，而面团中使用的水则直接来自锡比利尼山。曼奇尼所做的每一步都会为他们做的事情增加额外的工作量，而这每一步都符合良好农业规范（Good Agricultural Practices）的要求。

面向未来

这项工作可以最终使我们获得更好的意大利面，但它也是努力为所有的作物培育出对未来的适应力。我们一直在寻找使我们的可可树、葡萄树和茶树适应未来的方法，而对曼奇尼来说，他关注的是小麦。一项2016年的研究结果显示，全球气温每上升1摄氏度，小麦的产量将下降4.6%。小麦的种植还会引起径流的富营养化，导致河流、湖泊甚至是海洋内的藻类大量繁殖，由此产生的缺氧会危害海洋生物并造成环境的持续恶化。

第七章
培养

当我与曼奇尼谈及此事时,他说:"你不能在同一块土地上年复一年地种植小麦,这会耗尽土壤的肥力,因此,轮作是第一原则。这就是为什么在600公顷的土地中,不论何时,只有一半种植着硬质小麦[①],另一半则用于种植苜蓿、三叶草、蚕豆、豌豆或鹰嘴豆等豆类植物,或者是油菜籽、向日葵等经济作物。这些作物会将氮返还给土壤。我们会定期对土壤和田地进行分析以准确了解田地的土质。据此,我们来决定去种植哪些品种的小麦,在何处种植以及如何去照料它们。"曼奇尼选择不去进行100%有机的认证,但参照良好农业规范,他们的作物至少已经满足了零残留的要求。他们以这种深思熟虑和严格的方式去确保他们的作物具有向前发展的韧性。

培育的一部分就是需要像这样能够意识到未来会发生什么,以及如何去应对。意料之中的是,正是曼奇尼公司这样的小生产商走在未雨绸缪的最前沿。大多数的意大利面食制造商都不自己种植小麦,他们将其视为商品并从大型种植商或经销商那里购买。在曼奇尼公司所处的地区,它是少数不

---

① 硬质小麦是制作意大利面的原料,也被称为杜兰小麦。——译者注

品质至美：
意大利品牌卓越的秘密

向大型工业集团出售自己产品的农场主之一[卡洛·拉蒂尼（Carlo Latini）是另一个]。它也是为数不多的仍然在使用老式的青铜模具而非现代特氟隆模具来为面条塑形的生产商之一。在我们交谈时，曼奇尼解释了为什么会乐意采纳如此古老的技术。"工业化生产的意大利面表面十分光滑，是因为那些工业化的企业使用了特氟隆模具来塑形，"他对我说，"他们每小时其实能够多生产6倍到7倍的面条，但这样产出的面条表面过于顺滑导致面条无法锁住酱汁。我们使用青铜模具，所以生产速度很慢，但你会得到这样的外表粗糙的面条，它们能够以最佳的方式留住酱汁的美味。"

曼奇尼开发出的产品优异，他所做的事情有一个潜在、无限的市场。然而，那些使他的意大利面如此卓绝的因素——他对小麦的把控、对种植小麦的投入和思考以及他拒绝从其他的种植商那里购入小麦——注定了它的扩张将是一个非常缓慢的过程。

曼奇尼告诉我最大的问题是，大多数人不完全理解粗面粉制成的意大利面的文化。消费者通常会将面条视"酱汁的承载工具"。每个意大利人平均每年消耗57磅的面条，但当你询问"你对这种面条了解多少——你知道这个品种吗？"

第七章
培养

他们就开始挠头了。"在我10年前刚起步时,"马西莫说道,"我去拜访一些主厨和熟食店,但他们售卖的都是百味来和德科(De Cecco)的意大利面。我绝对尊重这些品牌,但它们99%的产品都是工业化生产的。我们尝试谈论我们的田地和我们的方法。"

和多莫瑞公司一样,我们必须设法让客户了解我们的产品,曼奇尼公司也是如此,它需要去继续教导它的客户,使他们了解什么才是最好的意大利面,以及为什么值得多花一点钱去购买像它的产品这样能够改善用餐体验的东西。这是培养的最后一个方面,即持续发展能够理解和欣赏曼奇尼公司提供的额外品质深度的客户。

第八章
精炼

　　增强品质是魅力的基石，它要求人们在追求完美的道路上走得更远。制造出好的产品并不难，但只有经历最后的精炼阶段才能创造出最佳的产品。精炼就是指随着时间的推移，对你所做的事情持续改进的过程。精炼可以通过两种不同的方法进行。第一种是通过对生产过程的持续改进。我们身处一个汇聚着创新和改进、新思想、技术和哲学的世界，它推动着我们走向越来越远的未来。它们可能是改进你的产品和分销或是你与客户之间的沟通和互动的方法。

　　第二种精炼的方法与第一种几乎完全相反。它不需要你前进，反而要求你保持静止甚至是向后退，去采用和遵循你

品质至美：
意大利品牌卓越的秘密

的先辈在制冷技术和电力诞生之前所创造出的古老的传统。熏制、发酵或腌制等工艺（所有的这些都需要数月、数年甚至是数十年的时间）的存在，能够将你的产品从良好提升到卓越水平。在本章中，我们将着眼于所有产品中最精炼的：优质葡萄酒。

路易吉·韦罗内利（Luigi Veronelli）被誉为意大利极品葡萄酒业内的"泰斗"，环绕的里雅斯特的海拔1300英尺的喀斯特高原之上，有着被他称为"史诗级酒庄"的酒庄。尽管当地凛冽的博拉风猛烈地抽打着地面，风势之大甚至会让你害怕自己会被吹翻，但这些庄园依然在继续坚持。葡萄藤蔓在贫瘠、混杂着黏土的石质土壤上坚强地生长着，即使缺水，它们还是存活了下来。这些史诗级的酒庄之一，沃多皮威克酒庄（Vodopivec，有趣的是，这个名字在斯洛文尼亚语中是"饮用水"的意思）用当地出产的白葡萄品种维托斯卡（Vitovska）来酿酒，这是一种能在恶劣环境下茁壮成长的葡萄品种。

保罗·沃多皮威克（Paolo Vodopivec）沿用着古老的工艺，将葡萄带皮进行发酵（如今，用白葡萄榨汁前会先将其与皮剥离），发酵完毕后，将酒液置于埋入地下的双耳瓶中

第八章
精炼

进行陈化。这是一整套源于格鲁吉亚的复杂的葡萄酒酿造技艺，当地从新石器时代就开始酿造葡萄酒。而双耳瓶能够确保葡萄酒无须添加剂就可以免受氧化，酒液因此变得清澈且兼具矿物质风味。陈化将持续数年，在装瓶后，这种白葡萄酒（美国人将其称为橙色酒，因为这样的白葡萄酒是由长时间的汁皮接触工艺酿成）将和红葡萄酒一样持久。对于沃多皮威克和其他采用古老的双耳瓶技术的酿酒商来说，向前发展和对工作的改进实际上意味着后退，去采用古老、陈旧的做事方式。

我经常会在一个周末安逸的午后骑车经过这座酒庄，首先会途经也是由沃多皮威克经营的一个花卉农场。他本人以很少在媒体上露面而闻名，在为数不多的一次采访中，他解释汁皮接触是"我能够更好展现葡萄风味的一种方式"。意大利种植者和生产商追求精炼的部分原因在于，它要求（或允许）人们去适应各自土地和可用的原材料的独特性。这既是对精炼的承诺，也是追求精炼要去面对的挑战。

假如1000年前你拥有一群奥罗贝卡（Orobica）山羊，这种羊以它们高耸的羊角和柔软光亮的羊毛而闻名。假如你还坐拥高山气候条件和山区的生物多样性，那么你或许可以

品质至美：
意大利品牌卓越的秘密

享用到类似比图（Bitto）奶酪那样的硬质奶酪，它发源于伦巴第（Lombardy）的瓦尔泰利纳（Valtellina）山区。为这种奶酪提供奶源的山羊、奶牛和绵羊夏天时会在高海拔地区放养，因此，比图有一种独特的草本植物风味，而这种味道会发生微妙的变化，以反映动物在产奶期间吃到的不同甜度和味道的牧草。它没有成文的配方，大部分生产这种奶酪的牧羊人或奶酪制造商的成品在正式上架销售之前就已经被抢购一空。

即使你想去复制比图，也是不可能做到的。仅仅相隔一个山谷，产出的奶酪就可能完全不同，这反映出不同的小气候和文化之间的细微差别。使用你手头可用的资源来生产出最佳的奶酪，才符合你的利益。而乐于接受一些能使你的产品变得独一无二的东西也同样符合你的利益，即使它们可能会限制你的产量或使你的收入停滞在某一水平。

你能在意大利发现很多支持这一理念的生产商。他们懂得陈年的葡萄酒、奶酪或者火腿需要独特和完美的环境、时间以及生产经验，去探查它们何时能从良好变为卓越，并本能地去接受那些塑造他们产品的气候、文化和原材料方面的怪异的要求。在意大利，大概有500种奶酪，其中许多都被

第八章
精炼

欧盟委员会授予"保护地位"。还有一小部分是"DOP",指的是Denominazione di Origine Protetta("受保护的原产地名称"[①])。这种认证是向消费者保证,奶酪是在当地以传统方式进行生产的。产自雷焦艾米利亚(Reggio Emilia)或摩德纳的DOP香醋需要耗费大量的人力。它与白葡萄酒醋和红葡萄酒醋不同,不是将葡萄汁先发酵成酒,而是将完整的葡萄,包括果皮、茎和种子一起压榨并煮成"葡萄汁"。这种工艺通常会使用卡斯泰尔韦特罗(Castelvetro)的特雷比奥罗(Trebbiano)品种,它是白色的,时常让那些误以为它是红色或紫色的人们感到惊讶。

然后葡萄汁会被慢慢地熬煮,直到剩余一半为止。随后就到了必不可少的发酵环节,将味道从葡萄汁的新鲜甜味转化为真正极品香醋所具有的尖锐而甜美的、独特的强烈味道。葡萄汁会被储存在事先用煮沸的醋冲洗过的桶里,陈化一年后,这些浓稠、甜蜜的液体会被转移到一系列被称为"电池组"(batterie)的木桶内(体积一个比一个小)。

---

① 进行DOP认证需要配方,集团要求比图奶酪生产商提供配方,引发极为罕见的对认证和认证过程的强烈抵制。现在一些历经多代的比图奶酪生产商已经无法使用这个名字来称呼它们自己的产品。

品质至美：
意大利品牌卓越的秘密

"电池组"可以由各种不同的木材制成，例如白蜡树、桑树、刺柏树、樱桃树、栗子树、金合欢树或者橡树。和美酒一样，香醋最终会呈现出木料的细微香气，即使香醋蒸发，液体的味道也只会进一步地浓缩和强化。在整个过程中，都会有测试人员或者酿造师（acetaio）对不断变化的香醋进行采样，在12年到35年后的某个时间点，在酿造师认为香醋可以装瓶上市时，它们会被装入以铝箔盖密封的单独的瓶中，瓶盖上不同的颜色用来显示香醋的年龄大约是多少。

那些在超市货架上摆成一排排的各种各样的香醋并不会使用这样的工艺，它们的价格只有几欧元、几英镑或几美元。这些醋很有可能是由浓缩醋和果汁混合而成的，陈化了几年后出售，味道不再高级、顺口。更糟糕的是，一些真正低端的香醋是用葡萄汁、糖和人工香料"伪造"的，以模仿正宗的DOP香醋中的木香。

精炼有时就和你将成品放在一个温度、湿度都适宜的仓库，关上门，走开一样简单。与之相同，我们的帕尔马奶酪也是以不同的陈化水平来销售的（从12个月到79个月不等），而圣达尼埃莱（San Daniele）的火腿则至少需要陈化13个月到36个月。当然，这既不便宜也不容易。精炼要求两

第八章
精炼

大要素：从最准确的区域获取最佳的原材料；每一步都需要人工来完成，那些不那么精致的品牌很早以前就实现机械化生产了。

圣马尔扎诺（San Marzano）的番茄是人工采摘的，它们被种植在几千年前维苏威火山（Mount Vesuvius）和沉睡的超级火山——坎皮佛莱格瑞火山（Campi Flegrei）喷发出的火山土壤中，后者是位于那不勒斯（Naples）附近的萨尔诺山谷（Valle del Sarno）里。一罐正宗的圣马尔扎诺番茄比那些美国农民售卖的"圣马尔扎诺风格"的番茄贵四五倍。他们可以播下相同的种子，但即便是最勤劳的中西部人也无法复制那些古老的火山灰层，其中丰富的矿物质能够使产出的果实味道更甜润而酸度更低。此外，他们承担不起人工精细采摘和去皮的成本，也无法保持果实的圆柱形，而是将其加工成美国消费者更喜欢的碎丁或果泥状产品。

对于世代种植这种果蔬的意大利人来说，这样的取舍是值得的。他们的番茄具有多层的意义和传统：它们成为其他魅力型企业的产品中必不可少的原材料。此外，这些番茄的价值和优势使它们成为许多意大利经典菜品的基本配料，尤其是那不勒斯比萨（pizza napoletana）。我们能在那

品质至美：
意大利品牌卓越的秘密

不勒斯找到一些意大利最好的比萨，为此还成立了一个官方机构——正宗那不勒斯比萨协会（Associazione Verace Pizza Napoletana）——来规定真正的那不勒斯比萨应该如何制作，而圣马尔扎诺正是仅有的三个可供选择货源之一，它们全部都采购自临近那不勒斯的地区。

精炼的悖论

对于生产这类高品质但又相对常见的原材料的企业来说，他们只有一个选择：要么追求高品质和极致的产品，要么将产量最大化去占据对价格更敏感的市场。我的选择始终是追求尽可能最高的品质。诚然，一心一意地精益求精会限制你能够生产的产品数量，你将不得不因此放弃数百万的潜在客户，但对于那些你能够触及的客户，他们在你的要价面前绝不会有任何犹豫，因为他们明白，这是为了获取最佳的增强品质而做出的取舍。同样地，那些购买你的产品作为原材料的厂商，会将其融入他们自己的产品中，依靠你来创造出新的增强品质。

令我痛惜的是，这样的道理并不是所有人都懂的。我曾

第八章
精炼

有过多次在美国吃牛排的经历,虽然牛排的味道不错,但是肉质太硬了。这些牛排没有像意大利的牛排那样经过熟化,这要求牛肉在烹调和上桌之前必须悬挂数周。你需要做出选择:是否要将肉悬挂起来,或者是否让你的产品经历数十年的发酵,抑或你是否愿意花费数年时间静待奶酪在黑暗的洞穴中成熟。或许你会选择将整个流程缩短几个月或几年,然后以效率和盈利的名义将产品推向市场。有很多潜在消费者将不会知道他们购买的产品并未历经最后的精炼过程,因此很可能还是会有人去购买你的产品。但你绝不会拥有创造出如此出色的产品的满足感,以至于这款产品会在所有尝试过它的人们的记忆中流连多年。

更重要的是,你将不会吸引到忠诚的客户,因为他们在第一次尝试的多年后只会记得那些具有无与伦比的品质的产品。

意利产品的精炼

如果你无法通过回顾过去来精炼你的产品,那么就请面向未来。1970年,我的父亲埃内斯托·意利(Ernesto Illy)

品质至美：
意大利品牌卓越的秘密

意识到单份的"粉囊包"式咖啡会是我们业务的未来，在这一点上，他确实比竞争对手领先好几年。他耗费多年时间专注于如何完善这套工艺，并寻找每一个机会在那些通常优先考虑速度和效率而非卓越的行业中去推销精致和高品质的产品。精炼的另一个要素是：你需要去努力寻找还有改进空间的环节。还有哪些你还没有尝试过？

决定浓缩咖啡品质的一个关键要素是研磨的程度，如果颗粒太粗，浓缩咖啡的味道就会变得单一，但如果太细，咖啡的味道又会显得苦涩。那时，意利公司有一个传统：由刚入职的员工负责去产品线手工检查咖啡的研磨程度。他会沿着生产线来回走动，用眼睛去观察哪些被研磨的咖啡粉末需要检查，然后从中舀出少许去制作一杯浓缩咖啡。如果咖啡能在特定的时间段内（通常情况下20秒到30秒）煮制成功，那么研磨程度就是正确的。如果短于这个时间，就证明研磨得太粗，反之，则研磨得过细。

我的父亲想要改进这个过程，利用现代技术来确保研磨得均匀和精确。一天，他正漫不经心地看着一本科学杂志时，偶然发现了一篇介绍激光的文章。文中描述了如何使用激光来检测研磨粉末的准确的精细度。计算机会检测穿过研

第八章
精炼

磨颗粒的激光射线的衍射并计算出一个数字，埃内斯托马上意识到这种技术有可能适用于自己的企业。他使用激光来检测咖啡粉末，而不是检测那些毫无特色的颗粒，以确保他的客户拥有完美的研磨度，并能煮制出浓郁、顺滑的浓缩咖啡。

直到最后，始终让我悲伤的是，我父亲的远见卓识仍不足以让意利公司的粉囊包系列产品领先于那些大型竞争对手。我们的粉囊包，即使是那些最初级的早期产品，也能制作出很好的咖啡，一部分是因为咖啡本身的优异品质，另一部分是由于水流过粉囊包的速度较慢，还有一部分原因是我们的咖啡历经精细的研磨。此外，得益于产品的结构，我们的粉囊包是通用的，消费者可以在任何配有便捷浓缩咖啡（Easy Serving Expresso）系统的机器上使用。我们受到了家用录像系统（Video Home System，VHS）和盒式录像机系统（Betamax）的录像带案例的启发，推动了便捷浓缩咖啡联盟的合并。这个案例中，前者是一个开放的系统，而后者则是封闭的（由索尼推广）。后来入场的大型咖啡集团有着强大的实力去强行推广它们的胶囊，尽管如此，便捷浓缩咖啡系统仍然挺立在市场上，因为它的品质和对自然的尊重而受到赞赏。

品质至美：
意大利品牌卓越的秘密

代际精炼

彼得·德鲁克（Peter Drucker）在他的作品中经常会写道，人们应该考虑至少把利润的一部分投资于企业的未来，他的意思是在满足股东之前，利润需要被用于去维持企业长期的竞争力。由于技术发展的加速和传播，新的更好的产品被推向市场。如果你的企业不能改进生产流程，早晚会被竞争对手击败。

在我们的竞争对手以胶囊咖啡改变了咖啡的范式后，我们也决定开发自己的封闭系统，并花费数年的时间进行研发。最终，我们设计出了拥有5项独有专利的意利胶囊，这是唯一没有被克隆或复制的胶囊，这或许是因为它在早期版本的粉囊包的基础上进行了两大改进。第一处改进是能够促进油和水之间生成乳化的薄膜，被乳化的油越多，杯中的风味就越浓郁。而杯中的乳化油越多，漂在浓缩咖啡上的油脂就越厚、越持久。你是否曾在一家不错的餐厅里享用完美味的一餐后点一杯浓缩咖啡，却发现它的油脂"被粉碎"或破碎，且正在被深棕色的咖啡慢慢地淹没？这意味着这杯咖啡已经过了完美的巅峰时刻，尽管客户或许不会意识到这一

第八章
精炼

点，但他们却直觉地感受到这杯咖啡没有达到它本该有的水平。他们喝着咖啡，享受着它的味道，但心中想着味道怎么才能更好。

第二处改进是胶囊会被放入一个过滤器支架中，在机器和咖啡不接触的情况下，将浓缩咖啡输送到杯中。因为咖啡和机器从不接触，不会留下沉淀物或难闻的气味，你也不必去清理机器。

虽然这些都是细微的改进，却需要耗时数年去开发。只有真正致力于品质的人才会将研发工作放在优先位置，以保护油脂或降低一杯新咖啡被旧咖啡污染的概率。

我们对马斯特罗扬尼出产的葡萄酒的品质十分满意。我的侄子是一名建筑师，当我们要扩大酒窖时，他建议以生物建筑学的原则来建造。他的方案不使用混凝土或钢铁，而只使用砖、木头和石头。他认为钢铁会影响磁场或可能产生磁场，进而危及人们的健康，或许他想的是磁场会影响布鲁内洛的品质，这种酒需要在酒窖中窖藏至少3年。不使用钢铁和不产生磁场意味着对葡萄酒的品质没有不良影响。我们现在要对酒窖中的湿度、温度和磁场进行补偿式调整，但我们相信布鲁内洛·迪蒙塔尔奇诺葡萄酒的品质会因为没有磁场的影响而得到提升。

　　精炼是一个持续的过程，从一件事到另一件事不断尝试。我不确定磁场是否会对葡萄酒造成负面影响，但这是走向完美和改善你所做的工作的过程的一部分。同样地，这些类型的精炼也是你持续寻找细小的改进空间的过程的一部分，这些改进能够帮助你在品质方面领先于竞争对手。其他的酒庄或许会嘲笑我们的创新，或许他们是对的，但如果我们是对的，我们将实现他们难以企及的巨大进步，这种优势可能会持续数年。

奥纳亚

　　意大利有数千家手工食品企业，创造了品质卓越的葡萄酒、奶酪、香醋和肉类。有一些享誉全国，但还有很多家只专注于当地市场，它们只在自己所处的城镇内销售自己的产品。这些不知名的食物之所以受欢迎，是因为它们是某一地区独一无二的存在。没有什么比当地才有的奶酪更具有家的味道了。然而，还有其他的办法可以对你的产品进行进一步的改进。

第八章
精炼

奥纳亚酒庄（Ornellaia）与本章中的其他示例有所不同。比如，尽管该庄园是由一个在葡萄酒酿造领域有着深厚历史和传统的古老家族弗雷斯科巴尔迪（Frescobaldis）所有，但该庄园建于1981年，还很年轻。家族并未选择在一个知名的、有着悠久传统的葡萄酒产区扎根，他们想要做出新的尝试，在一个直到最近才被视为葡萄酒产区的地方酿造葡萄酒。这种做法起源于一种非常意大利式的自以为是：几个世纪以来，大部分托斯卡纳人都认为桑娇维塞葡萄就是葡萄酒，葡萄酒就是桑娇维塞葡萄，如果你不能培育出好的桑娇维塞葡萄，那么也酿不成好的葡萄酒。奥纳亚酒庄致力于酿造出富有魅力和振奋人心的葡萄酒，以微妙的风味和技巧来充分展现托斯卡纳海岸保格利（Bolgheri）产区的独特风土。

要想理解在奥纳亚酒庄的庄园种植桑娇维塞以外的葡萄品种是一件多么大胆的事，你需要首先了解桑娇维塞葡萄对托斯卡纳酿酒业意味着什么。桑娇维塞葡萄有着深厚的根基，最早由我们的祖先伊特鲁里亚人种植。有些人认为这个名字源于拉丁文Sanguis Jovis，意为"木星之血"。桑娇维塞葡萄也是酿造混合基安蒂（Chianti）葡萄酒的最主要原材

品质至美：
意大利品牌卓越的秘密

料，它以经典的稻草包裹的fiasco①酒瓶罐装，将相对便宜的意大利酒推广到全世界。因此，当奥纳亚在一个被普遍认为无法种植这种典型意大利品种的葡萄的地区创立时，他们不得不抓住机会去做一些新的事情。

今天他们的酒庄整齐地镶嵌在保格利低矮的山丘上，开辟了多个不同的葡萄种植园，每一个都有独特的土壤：或许是深厚的砾石黏土，或是一种沙地和黏土的混合土质。在托斯卡纳热浪滚滚的夏季，附近的第勒尼安海（Tyrrhenian Sea）能够防止种植园内的温度过高，并在夜间保持凉爽，这是葡萄能够缓慢地成熟并保持其风味所必需的。葡萄藤种植得很密集，迫使它们为了争夺养料和水分而互相竞争，进而使得藤蔓生长更为缓慢，但能结出密集度更高的葡萄。所有种植的葡萄，包括小维多（Petit Verdot）、赤霞珠（Cabernet Sauvignon）或梅洛（Merlot），都是为了这些小块的土地和它们不同的风土而特别选定的。他们的单一品种葡萄园，马赛多梅洛（Masseto Merlot），创建于奥纳亚酒庄，现在已经

---

① fiasco，在意大利语中指的是一种用草包裹的长颈大肚酒瓶。——译者注

第八章
精炼

成为一个独立的实体。这里出产的葡萄酒被视为世界上最优质的梅洛葡萄酒之一，在拍卖会上能够以每瓶1000美元以上的价格拍出。

精炼：往昔与今日

奥纳亚酒庄通过与当代艺术家的合作以及同时"回归"更古老的、科技含量更低的葡萄生产方式，来朝着极致的方向迈进。在托斯卡纳酒庄，每年每公顷投入的葡萄园平均工作时间为245小时，而在奥纳亚酒庄这一时间达到了623小时，这表示后者为品质投入更多，以及他们没有在葡萄园内使用机械进行作业。相反，所有工作都是手工来完成的，在这个过程中，你能给予葡萄更多的关注和照料，因此最终的产品也自然具有更高的品质。他们坚持以手工的方式来工作以及对酒庄每个品种的细微差别了如指掌，使他们在下一阶段得到了回报：混合。当我有机会去亲自参观酒庄时，我才最终明白和理解这一点。

我在6月的一个温暖、阳光明媚的日子里造访了奥纳亚酒庄，他们的欧洲区域经理马泰奥·扎纳尔德洛（Matteo

品质至美：
意大利品牌卓越的秘密

Zanardello）带领我参观了酒庄。园内静谧、和谐的空气立刻给我留下了深刻的印象，酒庄的一侧是树林，另一侧是葡萄园。

参观结束后，我们坐了一个小时，品尝不同的葡萄酒并享受了傍晚时分的金色阳光，太阳正从我们和地中海之间的山丘上落下。马泰奥·扎纳尔德洛告诉我，他们在115公顷的土地上酿造出5种葡萄酒，所有这些都是混合酒。首先是酒庄的正牌酒奥纳亚葡萄酒，然后是副牌酒"奥纳亚乐赛瑞干红葡萄酒"（Le Serre Nuove dell'Ornellaia）。

这样的混合是艺术，也是精炼。酿酒师要品尝多达90种未混合的不同的葡萄酒，每一种都单独装桶。因此一年后，当需要混合葡萄酒时，他有一个完整的调色板可供选择。这并不容易，酿造葡萄酒还有着艺术性的一面，因为混合没有特定的科学性指标，只与感受、直觉以及你想要这款酒将来呈现出什么样的味道有关。在交谈过程中，我感受到了他们家族对于酿酒师技艺的欣赏和崇敬。对于大多数人来说，仅仅是品尝那些初始的、具有强烈单宁和不成熟风味的未混合酒，就足以让他们难以忍受。然而酿酒师却能够应对自如，以他艺术家的视野去发现这些原材料可能蕴含的价值。

第八章
精炼

这最终赋予了葡萄酒一种自由轻松的品质：尽管酒庄产出的葡萄酒品质卓越，但奥纳亚酒庄并没有将自己定位为"奢侈品"酒庄，相反，它的使命是在托斯卡纳海岸的保格利产区酿造出世界顶级的葡萄酒。这样的想法很有趣，我们能看到奢侈品和卓越品质之间存在的差异。在我看来，这样的观念表明当你在追求魅力的时候，你需要始终关注目前生产的产品，而不是产品如何在市场中得到认可或进行推广。市面上有很多行家会去避开"奢侈品"，他们更青睐那些不是特别出名但品质卓越的品牌。而奥纳亚葡萄酒确实是极致的味道和风格的典范，奥纳亚酒庄甚至与他人合作在苏黎世（Zurich）开了一家餐馆，也同样是精致的、极简主义时尚的高峰。

创造性的精炼

当你拥有数百年的历史和传统可供借鉴时，追求和创造极致的产品是件容易的事，但当你不具备这一条件时，正如奥纳亚酒庄，你需要发挥创造力去构想出额外的改进之处。

对于任何酒庄来说，都要面对的问题是：你怎样去表达

品质至美：
意大利品牌卓越的秘密

出这一年份和上一年份之间的差异。你希望每年都能吸引你的受众，但这是很困难的，因为只有葡萄酒收藏家和爱好者才能理解不同年份的葡萄酒之间的差异。正如马泰奥·扎纳尔德洛所说："如果我们谈论这些，那我们就只是在与一小部分受众交谈。所以，我们需要找到某种办法，去聚焦于我们的葡萄酒并赋予我们的庄园不同的一面来吸引受众。"

奥纳亚酒庄以一种独特的方式解决了这个难题：每个年份都是不同的，酒庄通过分配一个能够描述该年份特点的词来彰显差异。这样的做法始于2006年，这一年的葡萄充满活力，因此就将其命名为生机盎然（L'Esuberanza）。酒庄后来将这个词给了一名艺术家，他制作了一些限量版的大规格的瓶子，还设计了奥纳亚750毫升酒瓶的标签，以及为庄园的特定地点创作一些艺术作品。

每一年都是从为葡萄酒命名开始的。这些赋予的词中，每一个都能回溯到出现的年份。例如，2013年的典雅葡萄酒（L'Eleganza）：奥纳亚葡萄酒中被混入了较多的梅洛葡萄，所以葡萄酒最终呈现出更为优雅的味道。为了纪念典雅葡萄酒，奥纳亚酒庄委托日本艺术家曾根裕（Yutaka Sone）专门为这款混合酒进行设计。而2014年则更加困难和充满挑

第八章
精炼

战性,当年的天气凉爽而多雨,每个人都必须更为努力才能有好收成。最终产出的是整个庄园的核心产品:精粹葡萄酒(L'Essenza),一款揭示整个酒庄内在的限量葡萄酒。

这是为你的产品增添精致的最终方法:找到一个使它变得独一无二和必不可少的办法。为它增添一层故事或表达,同时显示出你工作的乐趣(典雅葡萄酒)与偶尔的忧虑和挣扎(精粹葡萄酒)。奥纳亚酒庄的策略是分享一些与葡萄酒有关的真实情况,以及酿造这些酒的人们内心的感悟,为喜欢葡萄酒并学会爱上它的人们创造出一个很有吸引力的理由。

第九章
关系

◆

在春天里既不太热，降水也不多的时候，我喜欢骑着我的自行车在的里雅斯特周围的阿尔卑斯山区穿行。让自己沉浸于自然风光中也是一种冥想，将我从管理极味公司的压力中暂时释放出来。当然，在这几分钟时间里，不会有电话、电子邮件或短信的打扰，我从海岸上方的橡树和松树林中疾驰而过。最近，我以同样的方式回到家中，刚摘下头盔，我的手机响了，在我接起电话的时候，耳朵仍然被呼啸而过的风所干扰。对方并未说明自己的姓名，而是问道："我是谁？"我立刻就认出这是我几周前曾拜访过的托斯卡纳地区的一位客户的声音。所以，我回复了他的名字，幸运的是，

品质至美：
意大利品牌卓越的秘密

我答对了。

在他看来，在几周后，我仍然能从上百位客户中认出他的声音是件十分正常的事。对我而言，这是一个有趣的挑战，也十分重要。我们所有的职业关系都是私人关系，虽然是我们的产品令客户印象深刻，但我们之间的关系才是将一次性的销售固化为长期的业务往来的关键。当业务主要是在个人之间和电话上开展时，建立和发展这样的关系会更简单。电子邮件和短信无法取代人际间交谈的即时性。尽管当今的技术发展日新月异，但我旅行的次数却更多了，并未因此减少。面对面交流仍然是与购买你产品的人建立关系的最佳方式。当我没去拜访这些糕点店、葡萄酒分销商和冰激凌制造商时，我会在集市、展会和会议上建立或维护这些关系。

与你的客户建立关系

在疫情时期，建立并维护与你客户的关系比此前更具挑战性。在极味公司，我们为糕点师和其他的手艺人安排专业的课程，不断通过电子邮件向客户发布最新的信息，并通过社交媒体每日与他们进行交流。对于那些具有强烈的传统

第九章
关系

意识和热爱真实性的企业而言，它们的一大优势就是即使它们使用的传播媒介发生变化，它们的故事仍然会继续存在：从广告牌到数字媒体，从广播到赞助播客，你仍然可以讲述同样的故事。当今世界瞬息万变，你的竞争对手或许会冲动地应对每一次天气变化，而你可以通过保持一致和深入学习相应的历史来巩固你在客户心目中的地位。对于意利公司来说，我们的故事部分是视觉上的：我们的标志简洁明了，所有的意大利人在他们上班途中点浓缩咖啡时都能看到它。这样的故事是你和你的客户之间的黏合剂。我们的杯子在手感上与其他任何浓缩咖啡杯都不同，把手的位置略高，因此它的平衡不同于其他杯子。对于那些拿着这种杯子长大的意大利人来说，这会在他们的大脑中形成一种神经上的捷径（也被称为启发式）："意利=咖啡"，更重要的是"意利=我的咖啡"。我们所有的广告都瞄准同一个方向，去提醒我的顾客，他们是喝着我们的咖啡长大的。不止于此，他们也是看着他们的母亲和祖母积攒意利咖啡罐用于储存其他的厨房用品，可能会将其摆在走廊的桌上，里面装着一些缝纫用品和其他备用物品。现在他们也会这么做，对这些人来说，意利的味道、外观、声音和香味就和家一样。

品质至美：
意大利品牌卓越的秘密

  这些大脑中的捷径以及你的客户和你的产品之间的情感联系，是你与那些喜爱你的产品并经常购买的人们之间关系的一部分。每当有客户拿起意利咖啡杯，或者积攒一个意利咖啡罐，就是在使这种关系结构再进一层，使这些精神上的联系更为牢固。如果你不知道你产品的杯子或罐子蕴含的品牌愿景是什么，那么一定要找到它。你的产品和你的客户之间的联系是什么？而且，更重要的是，如果你没有在讲述一个有关你产品的清晰的故事，那么你现有或潜在的客户将如何看待你的品牌？客户不会迷失自我，但劣质的产品和错误的品牌战略将使你失去客户。

  随着你的公司不断发展，你可以为这个故事增加新的章节，但要始终保持它的根本核心。在我看来，你可以通过广告来办这件事，也许你的形象或口号的细节发生了改变，但你必须始终忠于你的产品或品牌的核心。一旦你发现某个广告活动行之有效，能够很好地传达出你企业的信息，你就应该继续这样的活动。我们发现广告企业往往热衷于"尝试新事物"。或许你企业内部的一些人也会提议进行盛大的重新发布会或品牌重塑会。除非你先前的战略极为糟糕以至于你的企业即将面临倒闭的危险，否则我建议你去改进你现有的

第九章
关系

品牌宣传材料，而不是从头开始。

当我担任弗留利-威尼斯朱利亚大区（的里雅斯特所在的地区）的管理者（在意大利语中称为主席）时，我曾亲身经历过"为了改变而改变"所导致的危险。我们当时的宣传口号被简单地译为"成为独一无二的人们的客人"。这一地区生活着3种讲不同语言的少数民族居民，他们受国家和地区的法律保护。这些不同的文化意味着我们有不同的食物、传统和生活方式，所有这些都富有魅力，足以将游客吸引过来，在意大利再也找不到同样的地方。然而，在5年后我卸任时，新的管理者改变了口号，现在变成了"弗留利-威尼斯朱利亚……张开双臂欢迎你"。这样的宣言可以适用于全球任何一个地区。

这不仅是一个改变不需要改变的东西的例子，还是一个忽视特定于某一"产品"的既有故事，并以毫无特色的东西取而代之的例证，此举几乎不可能在潜在客户的脑海里建立起精神捷径。你的组织内部总会有人不喜欢那些对你来说独一无二的企业元素（我确定意利也有想要去升级标志或改进咖啡杯的人），这些无关紧要，因为不可能每个人都喜欢所有的东西。

品质至美：
意大利品牌卓越的秘密

与你的员工建立关系

我了解的所有关于在商业领域建立关系的知识都是从我的父亲埃内斯托那里学到的，我看着他在工作中成功应对每一个可能的挑战。他应对挑战的秘诀就是尊重，他尊重他的客户、供应商，尤其尊重他的员工。他并不在意他们在企业内的角色是什么，也不在意他们在企业之外的社会地位。他具有他那一代人的明显特征，他的行为举止带有某种旧世界的繁文缛节。但他知道如何与那些为他工作的人保持友好和亲近的关系，也或许会根据关系的性质和他与这个人相识了多长时间而增加一些礼节。他有一种近乎神奇的方式使人们感到放松，蓝领工人们觉得自己可以与他交谈并对他们的工作知无不言。在另一个国家或另一种类型的企业里，这些工人或许并不会鼓起勇气去和自己的老板坦率地交谈。例如，英国的重型制造业曾因为多种原因而倒闭，但是管理层和工人们之间的不信任加剧了行业的衰落。有一个描述某个工厂工人经常罢工的故事（可能是杜撰的）：每当罢工发生时，工厂所有者就会去购买一辆劳斯莱斯汽车，然后他会开车经

第九章
关系

过纠察线[①],同时把手伸出车窗外,摆出一个粗鲁的手势。

我从父亲那里学到了应当以我希望自己被对待的方式去对待他人,以及要轻松愉快地去谈论一些与工作不一定相关的话题。我的父亲明白个人的和常见的一些事情对于建立良好关系的重要性,而工作也不可能脱离员工的家庭生活而单独存在。当人们需要去照顾生病的亲人时,他不会去责备那些回家的工人。我们此前提到过,这么做的动力部分源于为我的父亲工作是一个好的选择。我们的员工也同样尊重我们,因为他们知道自己受到了很好的对待。只要我们还需要他们,他们就愿意一直留在意利公司。所有人一起奋斗去创建一家对城市有益的企业。要做到这一点,一部分需要实现环境的可持续性,还有一部分是我们需要在员工扎根本地、购买房屋和教育他们的孩子时为他们提供支持。

我们在第七章中提到过那些中南美洲、西非、加勒比海地区和印度的工人和小农是如何经常遭受严重的虐待和酬不抵劳的(或者根本得不到酬劳)。农民经常亏本出售他们的产品,难以获利。我们在这些国家采购到的优质原材料是

---

① 指由参加罢工的工人划定的界限,通常位于工作场所入口处,其他工人不得通过。

品质至美：
意大利品牌卓越的秘密

很珍稀的，价钱比那些在纽约证券交易所里交易的商品贵很多。比如，佛拉斯特罗可可豆在纽约证券交易所中的交易价是每吨2500美元，我们为克里奥罗可可豆付出的价钱大约是这个价格的4倍。我们直接从种植者那里采购，这不仅是为了与之建立联系以便于持续地改进生产，也是为了将全部的利润留给种植者。意利公司的供应链已经通过了挪威船级社（Det Norske Veritas）的可持续性认证。该认证会去检查我们的声明是否与我们支付给种植者的价钱相符。关系的概念的一部分是要确保我们善待自己的供应商，并让我们的客户有充分的理由去花费更多的钱购买更符合道德的产品。同时也需要将我们的产品的品质提升到更高的水平，这正是我们现在所做的。

牢固的关系

共益企业[①]为实现企业的价值和追求利润而建立，正在

---

① 共益企业是由非营利性组织 B 实验室（B Lab）开创和评定的一套企业认证体系。认证通过的企业，旨在鼓励企业在赢利的同时，评估和管理企业对社会和环境带来的影响。——译者注

第九章
关系

越来越受欢迎（意利公司最近完成了它的认证流程）。我认为意大利的大部分家族企业都会赞成共益企业的理念。那些主张将企业价值和利润置于同等优先位置的经营理念，在这里找到了肥沃的栖息地。家族企业，即使是那些已经发展成为中型或者全球的企业，仍然沿用着熟悉的方法。即使企业已经由专业的董事会或经理人经营，他们也会将自己的员工视为大家庭中的成员。这样的关系不仅很融洽，而且很友好；如果员工需要帮助，企业会去帮助他们，当企业遭遇困难，比如在新冠疫情期间，企业需要帮助时，员工也会挺身而出。

想想我们将员工视为"牢固的关系"的方式，这是强关系和弱关系概念的变体。强关系是你的直系亲属以及与你关系密切并深入了解的人，而弱关系则是更为表面的，但对于社会的平稳运行来说必不可少。后者可以描述为一个孩子和他友好的邻居间的关系，邻居会在孩子父母加班晚归时帮忙照看小孩，或者是一个乐于助人的咖啡馆服务员会记住一个劳累过度的父亲或母亲的订单。工作中的弱关系通常会是一种随意的联系，或许是其他部门的某个人，而你对他的了解不多，但他可以向你介绍这个部门里的其他人。牢固的关系

品质至美：
意大利品牌卓越的秘密

介于二者之间：我并不十分了解我全部的员工，但我们的关系不仅仅停留在职业和业务层面。我们就像是同一个家族的远房亲戚，被历史、文化以及企业成功的共同利益联系在一起。我们或许并不会直接参与彼此的生活，但当我们的家族受到威胁时，我们将携手应对。同样地，在企业发展顺利的时期，我们也会共享收益。

我们有很多员工在他们的整个职业生涯一直为我们工作。最终，当他们临近退休时，他们开始考虑将自己的工作传给孩子。他们的职位成为一份代际的工作，这对他们来说是有好处的，因为他们可以帮助自己的孩子在一家好企业安定下来。这对我们也是一件好事，因为这可以帮助我们营造出一个以牢固、紧密的关系为主的友好的环境，有助于一个团体或组织保持团结。此外，在同一个家庭内招聘新成员，可以减少聘用到品行不端或道德败坏的人的风险。我们认识他们的父母，也有很多机会在孩子们年幼的时候接触到他们，即使他们还在上学。就像路易吉建议的那样，我们也与他们的祖父母相熟。我们了解这些年轻人是在怎样的环境中被抚养长大，因此我们对他们在工作中的表现充满信心。对我来说，还有另一个好处：我不喜欢解聘员工，因此宁愿多

第九章
关系

花些精力去招聘合适的人。在大多数共益企业中,解聘员工被视为一件痛苦的事。企业家宁愿削减自己的薪酬,也不愿开除一些人。

好的工作

所有这一切部分是因为意大利是一个以家庭为导向的国家,我们会优先考虑与自己有直接或间接关系的人们的福祉。然而,这也是一个符合实际的选择。在意大利生活的人们曾经历一段动荡的过去。的里雅斯特曾归属于不同的国家,被反复争夺,我们不得不多次保卫自己的领土。总之,我们的生活始终面临着政治的不确定、冲突,甚至是极端主义的风险,因此我们会竭尽所能来创造稳定的社会。如果减少一些利润可以使我们的受聘者更幸福,那么这么做就是值得的。这不仅是为了"感觉良好",更是因为此举会使我们更具韧性、更为强大,在困难时期更有可能存活下来。和许多食品和咖啡企业一样,2020年对我们来说充满挑战。人们不再去光顾销售我们产品的咖啡馆,此外,由于一些员工身体不适,我们在某些地方的供应链出现运转困难。但经过这

> 品质至美：
> 意大利品牌卓越的秘密

一切，我相信极味公司所有分支的员工都会像我们支持他们那样来支持我们。

（有趣的是，在新冠疫情期间，多莫瑞公司是最具适应力的企业。管理层努力寻找新的销售机会：新的市场、新的产品和新的客户。到了2020年年末，销售额几乎和前一年一样高。当新冠疫情来袭时，我们曾预计不得不裁员，但实际上为了跟上增长的步伐，我们却招聘了新的工人。）

当关系需要帮助时

在最好的情况下，你与员工的关系是健康和稳固的。当然，在欧洲，我们也有工会，这是由多种因素造成的，例如蓝领工人工作的减少（被技术人员和白领所取代）、数字化（工作的自动化水平不断提高）和全球化（在劳工成本上的国际竞争日趋激烈）。在意大利，它们主要代表退休工人，而在德国，工会依据聘用者的规定工作，它们也有权利任命董事会中的工人。在法国，工会依然相当强大，它们主要代表公共部门的工人。

人们可以讨论工会是如何帮助或妨碍一家企业的，但奇

第九章
关系

怪的是，在美国，我们可以看到那些历来接受工会帮助人们最后是如何站在工会的对立面的。总体来说，在我细想美国的企业主、受聘者、消费者以及公众之间的关系演变后，我发现一个本可以用于加强和巩固企业以应对近在眼前挑战的机会被浪费了。

在过去的几个世纪中形成的一个普遍趋势是，员工的工作时间在减少，但他们仍然能够赚取足够的薪酬去养活自己和家人。在19世纪中叶，英格兰和美国的女佣和其他职员每天需要工作14个小时到17个小时，而周日只有半天休息时间。到了1908年，新英格兰的一家工厂成为第一个允许工人每周休息两天的企业，而不是当时更为常见的周六休息半天，周日参加宗教活动的模式。这种每周工作5天的新理念在大萧条期间被采纳，旨在通过缩减工作时长来遏制失业。每一个迹象都预示着工人们未来的工作时间会越来越少：1928年，经济学家约翰·梅纳德·凯恩斯（John Maynard Keynes）预测，到2028年，技术的进步将使每周的工作时间缩减到15个小时。

显然，这样的预测并未成为现实。反而对于管理人员来说，原本预计的逐步缩减的工作时长发生了逆转，他们经常

品质至美：
意大利品牌卓越的秘密

发现自己基本上一直都在工作。小时工遇到的问题则恰好相反，例如英格兰兴起的"零时工合同"（Zero-hour contracts）的工人，他们正努力在可持续的基础上获取足够的工作时间来支付自己的花销和账单。以上两种情况，没有一种能够使聘用者和受聘者建立愉快的关系。更关键的是，这样做会适得其反，在你企业的骨干员工中制造压力和怨恨。

今天，我们所有人都生活在一个动荡的世界中，未来几乎没有什么是可以确定的。我们的英国朋友开启了脱离欧盟后的生活，美国也进入了后特朗普时代[①]。在我们为未来的几十年进行规划时，我们需要考虑气候变化、全球竞争、财富不平等以及政治不稳定等各种因素。在你的业务中，你可能会有不同的忧虑，也许是目前席卷全球的政治动荡威胁你的市场，或者你正经受着削减成本的压力。人们的本能反应，总是以减少员工福利、薪资或工作时间来应对。但这样做可能会事与愿违，尤其是在这些削减措施并未适用于所有人时。

---

① 特朗普于2017年1月20日至2021年1月20日任美国总统。本书所说的时间都是原书的出版时间。

第九章
关系

为什么不去尝试让你的员工的生活过得更好而不是更糟呢？美国有一家名为引力支付（Gravity Payments）的信用卡支付服务企业，它的首席执行官将自己的薪水降低90%来为所有员工提供至少7万美元的薪酬。此举既得到赞誉，也备受争议。20名职员的工资突然增加了三分之一左右，他们欣喜若狂。但有一些收入更高的员工对此感到愤怒，因为那些刚入门的同事的薪水突然变得和他们一样了。企业所有人的兄弟起诉了他，还有一些人认为他的举动是自私自利的并非无私的。然而，企业的业务正在发展壮大，员工的人数也比涨薪时增加了一倍。最有趣的或许是，现在他们的员工更有信心去履行长期的财务责任和承诺，以至于结婚生子的员工比涨薪前多很多。

其他的企业通过允许白领自行决定工作时间和远程办公，使他们得以摆脱通勤的压力。这样的趋势在新冠疫情期间迅速增长。我们发现当员工在家工作时，企业的运作和他们以前在办公室工作时一样顺畅。当然，这样的有益举措对于那些不得不打卡上班的体力劳动者来说毫无意义。

或许这太过于极端，但从核心出发，创建一个更平等的商业模式的想法能够帮助你建立起你的企业。你的企业或

品质至美：
意大利品牌卓越的秘密

许不是家族企业，但是通过以超越弱关系的方式对待你的员工，你可以开始与他们建立足够持久的关系，来抵御未来的危机。

试想一下，这种意大利式的关系理念如何应用于你的企业。你将做什么来使为你工作的人感到报酬优厚，以至于他们未来有动力将自己的工作交给他们的孩子？这不仅仅是财务方面的，因为我们提供的不错的薪水并不会比竞争对手高很多。这也不总是与额外的优待或津贴相关。最关键的反而是我们每日践行的一种更大的整体理念：我们风雨同舟。

你的企业在哪个方面最具凝聚力？对我们来说，意利公司几乎是一个有机的机构，它在代代相传的共同历史中生存和呼吸。我们对自己所做的事情感到自豪。你的组织的自豪感在哪里？你了解你的员工会如何向他们的朋友和新认识的人介绍自己的工作吗？如果你不知道，请让他们向你解释你的业务是什么和这意味着什么。此外，请他们告诉你，他们经历的哪些时刻让他们对认同你的企业感到自豪。

这些超越雇佣关系或义务的时刻是质朴和感性的。即使你无法单方面提高工资或改善福利，这也会为你改善在你的组织中的工作体验提供线索。或许你拥有一家运输企业，你

第九章
关系

可能会以为你的业务就是将人们从A运送到B，但你的司机或服务人员对此会有不同的看法。那些能够带给他们快乐、能够让他们认同企业的是一些短暂的瞬间，在那一刻，他们意识到自己的工作能够使一个家庭团聚、让一个求职者参加一场重要的面试，或是他们亲身经历了其他一些令人动情、触及个人内心深处的时刻。如果你能认识到这一点，那么就有办法去加强你与员工之间的关系，让他们有更多的理由对自己的工作感到自豪。一旦你能够落实这样的想法，你提供的服务的客户体验定会得到改善。

第十章
耐心

◆

在1993年当选为的里雅斯特市长之前,我并不是一个有耐心的人;我曾一直寻求快速的答案、变化和结果。这或许是因为我的祖父里卡多(Riccardo)在第二次世界大战期间以一个平民的身份过世,终年40岁。我曾为此感到焦虑,认为自己可能会步他的后尘:在我实现自己的人生目标之前英年早逝。这种感觉迫使我的生活过得匆匆忙忙,为的是在自己人生起步阶段就在事业上取得尽可能多的成就。

使我宽慰的是,我没有英年早逝,我这才意识到自己或许拥有比我想象的更多的时间。我得以扩展自己关注的领域,并开始竞选公职,去增进我所在的城市的里雅斯特人们的福祉。

学会忍耐

一个地方政府就像是提供许多不同服务的一家企业集团，在一个层层交织的法律环境中，治理层次错综复杂。（或许这就是为什么我会在管理像极味公司这样复杂的组织时，感到驾轻就熟！）意大利人特别喜欢我们的规章制度和官僚体系：在我担任市长期间，有时我会觉得每个人，甚至是广场上的流浪猫，都需要对所有的决策发表意见。

这无疑会让人感到沮丧，但这是很好的一堂去学习如何在复杂的工作环境中进行合作的课。毕竟，如果你不能学会去管理这种复杂性，也就不会取得成果。我担任市长的两个任期，共8年时间，再加上我的继任者的7年时间，才最终建成连接城市的高速公路联络线。我的时间都花在与人们会见并了解他们相互冲突的需求之上了。有时我要与一些人对话，因为他们的生活会因为我的决策而发生翻天覆地的变化。例如一些地方法律修改后会对一些人的生意造成不利影响，他们会对我的选择不满意，我也能真切地感受到他们的

第十章
耐心

苦痛。我必须学会对我的城市里那些艰难度日的民众怀有同情之心。

在我的市长办公室里，我终于获得了我一直缺乏的东西：耐心。无论是在市政府内还是在组织内，做成一件好事需要耗费很长时间。在完成这个美好目标的途中，你会想着去改变方向，尤其是当你无法立刻取得成功时，你会被迫做出重大的改变。然而，我每次取得成功都是得益于某种横向和纵向的一致。我沿着同一个方向前进：朝向那条高速公路，或者是新的基础设施投资迈进。这需要同情心，也需要信念，但最重要的是需要耐心。

当我说"保持耐心"时，我是在鼓励你去坚持那些对你的企业有益的事情。我还认为实施那些可以重振陷入困境的企业或市镇的变革是需要时间的。你将被迫做出一些错误的改变，例如大幅裁减你最有经验（也是薪水较高）的员工或者将原材料降级为低品质的产品。然而，假如你正在生产一款真正出色的产品，一款品质上乘、能够使你的客户感到惊喜和愉悦的产品，那么你所做的事永远都会有市场。但是，如果你稀释了产品的品质、使用低劣的材料代替原本的优质材料或者降低生产的标准，消费者将不会在流连于你的产品，他们会对你失去信任，然后转而寻求更优的产品。所以，你需要有信心去坚守你的业务的真正核心，但也要不断改进那些产品中的瑕疵。

商业中有2种耐心：当你在创建一些新事物时，你需要的是建设性耐心；而当你需要维持现有的业务时，你需要的是持续性耐心。最后，耐心也会产生问题：停滞不前。犹豫不决和怀疑会导致长时间的无所作为。最关键的是，要去了解这3种状态之间的区别，以及如何应对。

多莫瑞公司：建设性耐心

我的一生中经历过很多次微妙的平衡时刻，来将一家新的企业从红色扭转为黑色[①]。意利集团作为一家魅力企业，始终将企业的长期可持续性置于短期利润之上，以及优先考虑品质而非短期的销售反弹。这一理念在经济形势好的时候容易被接受，但在经济衰退等困难时期就会出现相反的情

---

① 会计行业用语，用不同的颜色标记个人或组织的财务状况。红色指处于负债或亏损状态，黑色指处于盈利状态或资产总额高于负债。——译者注

第十章
耐心

况。正如我在担任市长期间,我培养起了一致性,不断地问自己,我的选择和决定是否使我们的企业始终走在同一条特定的道路上。近期,我在多莫瑞公司体会了建设性耐心,在它被收购后的困难时期里,我培养出了这样的耐心。

意利集团在2007年收购了多莫瑞公司,和意利集团一样,这是一家专注于短配方的企业,而且它也将最佳的原材料、独一无二的供应链以及可持续性(对种植原材料的人们来说是一件好事)置于优先位置。所有这些原因使我意识到多莫瑞公司具备不止于眼前的潜力,而且具有更深刻的价值。与意利集团相同,多莫瑞公司有自己独特的战略,追求精致、惊喜的魅力品质,相比之下,大部分的巧克力制造商都退步到使用过度烘烤的可可豆、人造香料、低级且容易获得的可可,并开发出含有辣椒的新奇巧克力。

我对企业的潜力深信不疑,更重要的是,我深信多莫瑞公司对意利集团来说有独特的价值,因为它有着和我们一样的愿景。而另一个企业集团不会识别出它的这种价值,事实上,这样的大企业可能会将对品质的坚持视为负担而非一件好事。

即使多莫瑞公司当时的销售额只不过几百万欧元,但

品质至美：
意大利品牌卓越的秘密

我仍然认为收购它是明智之举。我也清楚需要一些时间才能通过增长实现盈利。为此，我们投入了一些资金，首先用于聘请一位总经理和至少三位职能经理来分管生产、销售和行政管理。此外，我们还进行了许多重大的投资，比如斥资约200万欧元用于建立一条全新的专业巧克力生产线。之后几年内，多莫瑞公司实现了增长，但也有亏损，需要对其进行多次注资，这让一些董事会成员失去了耐心，要求我尽快解决问题。但我坚持了下来，将多莫瑞公司视为一棵年幼的小树或葡萄藤那样去照料，展望着它未来最终结出果实的时刻。在耗费了12年时间和2000万欧元后，多莫瑞公司才最终实现了收支平衡，而且此刻的它已经变成了极味公司这棵大树上强壮且韧性十足的一枝。这都得益于我们对它的耐心，我们允许它以自己的方式发展，而无须削减工资、降低成本或在赢利缓慢时将其出售。

我们的投资在2020年前后收获了回报。多莫瑞公司不仅保持了上一年的销售额，而且在意大利境内和国外市场持续扩张，财务状况持续向好。让这个"婴儿"成长需要保持很大的耐心，尤其是在我听到一些人对企业的长期前景缺乏信心的时候。但我始终抱有信心，我当时的感受和我在1977年

第十章
耐心

刚进入意利集团工作时一样，我看到的是一家潜力巨大、尚未开发的企业，但意利集团已经44岁了，而2007年时多莫瑞公司才只有10岁而已。它需要更多的时间去成长、成熟，并最终"长大成人"。

我本可以很快就让多莫瑞公司实现收支平衡，只要削减一些成本即可。我们也可以解聘其中的一些经理或用一些额外的成分来稀释巧克力，这些改变可以使我们在很短的时间内扭亏为盈。然而，这些做法会使多莫瑞巧克力的消费者对品牌的信任遭到破坏，再也无法挽回。此外，企业也不可能成为高品质巧克力行业的主要竞争者。为了达到这个水平，它需要成长，为此我们需要耐心地注入更多的资金。

意利咖啡：持续性耐心

对于人或者其他任何事情，输出总是取决于输入，你的收获和付出成正比。如果输入不仅仅是职业技能还包括人道、仁慈、友谊和同理心，那么输出将对企业的精神产生重大的影响。人们不仅有手臂和大脑，还有感情。如果企业的文化是广泛参与和共享的，工作场所的氛围友好愉悦，而管

品质至美：
意大利品牌卓越的秘密

理者能够与员工心意相通，那么员工将把他们的工作做得比要求的更好，同时主动提出新的想法、创意和改进意见。这对致力于生产高品质产品的魅力企业来说尤为重要，这些企业中，人文关怀是获取最佳品质的关键因素。

你可以在意利公司的厂房内看到我们正在践行这一点。每天早晨，我们所有的员工，从首席执行官到新来的蓝领工人，都聚集在咖啡厅周围，来参观工厂的供应商和客户也都挤了进来。这是放松、喘口气和社交的时刻。虽然"咖啡时间"是在上午9点，但我们的员工可以随时来咖啡厅，这已经成了某种仪式。咖啡是免费提供的，人们被鼓励去交谈。一个来自德国的潜在客户可能会被一位终身在车间工作的老前辈讲的粗略翻译的笑话逗乐。至少在他离开时，他会觉得这是一家运作良好和让人愉悦的企业。（当然，近期我们必须要保持谨慎，每次只允许一些人聚集。我期待着完全恢复这个旧有习惯的那一天，首席执行官、蓝领工人、客户和供应商能够再次聚在咖啡厅像朋友般会面，彼此平等相待。）

当天晚些时候，我们的员工会在餐厅再次见面，共进午餐，一起享用当天早晨在当地采购的新鲜食材烹制的食物。意利会补贴成本，确保每个人都能享用到营养丰富的美味佳

第十章
耐心

肴。餐厅中的气氛温馨、友好。不论是蓝领工人还是白领，管理层还是股东，大家都在同一个区域进餐，经常会从一张桌子谈到另一张桌子上。随后，晚餐时，管理人员和白领都已回家，那些上晚班的人们得以在吃意大利面的时候更吵闹和大声地谈天说地。

一年中，我们会举行多次小型的庆祝活动。在圣尼古拉节①、圣诞节和复活节期间，我们会为职员的孩子们举办宴会。他们在欢声笑语中搜寻礼物，或在装满食物的盘子前嬉笑喧闹。而后，在8月的假期之前，一组员工会在7月组织一场盛宴，席间供应各种食物和饮料，并伴有音乐。我们所有的员工都会带着他们的家人前来，在8月办公室关闭之前，和他们分享最后的盛宴。这既关乎团结，也是为了让我们的员工开心。如果说我们是一个大家庭，那我们就必须以一个整体的方式来庆祝。

我认为这种团结与其说是为了补偿，不如说是为了创造一种文化，这给了你一个机会。世界上有很多的企业可能会

---

① 圣尼古拉节在每年12月6日，是盛行于俄罗斯、希腊、瑞士、德国、法国、荷兰等国家的民间节日，那里的习俗是把圣尼古拉视为圣诞老人或新年老人。——编者注

品质至美:
意大利品牌卓越的秘密

为员工支付稍高的薪水,但同时它们也将员工对生活的热情消耗殆尽。如果你能提供一些更好的东西,也许是为员工提供一份不会剥夺他们对生活的乐趣和热情的工作,那么你的提议对他们来说将是很有意义的。在上一章中我们提到了引力支付企业,他们将底薪设置在7万美元是有原因的。有研究表明,一旦一个人的年收入达到7.5万美元,他的幸福感就会停滞不前。这样的收入水平使人们明白他们能够满足自身基本的生活需要,他们不会挨饿,而他们的孩子也能吃饱穿暖并得到很好的照顾(这不一定适用于纽约或伦敦这样的城市,但通常是准确的)。

为了留住最有技能的员工,企业需要形成一种良好的文化,其中要包含对所有利益相关方的承诺。首先,对员工而言,这意味着需要支付给他们高于市场的薪水,并为他们提供培训和一个愉快的工作场所。

最重要的是,企业的管理层应当让员工感受到对一项伟大的事业的参与感,让他们为之自豪。当来自同一个家族的多代人受聘于同一家企业,并且企业内积极向上的氛围日趋浓厚时,高技术人才流失的风险就会降到最低。

这样的耐心如同农民之与土地,以及酿酒商之与葡萄,

第十章
耐心

传递出的是同样的信念：我必须照顾我所依赖的人，确保为我工作对他们来说是一件可持续和充满乐趣的事情。这需要耐心，以及对我们企业内部文化和工作流程进行持续、细微的调整。但这并不容易，我给他们的是胡萝卜，而不是大棒，尽管大棒有时能在表面上更快地取得成果。

我一直记得在佛罗里达的一家私营广告企业工作的一位朋友。企业的新老板组织了一个夏日聚会，邀请了所有的员工和一位来宾，并承诺这样的聚会以后每年都会举办。然而第二年，他将胡萝卜换成大棒，组织了一个为期两天的通宵聚会，但只有那些"最佳"员工受到邀请。他自以为这样做是在激励他的员工更努力地工作去获得认可，但实际上，大多数的员工都觉得愤怒和难堪，感到自己受到了伤害。企业随后深陷困境，裁员，最终被一家全球化企业收购而永远消失。

自动化和面向未来

当然，我们必须在对员工的关怀和日益自动化的现实之间取得平衡。这将是21世纪的企业面临的最大困境，也是我时常在考虑的事情。但我与很多同代人不同，我热切期盼未来自动

品质至美：
意大利品牌卓越的秘密

化和那些快乐的、被悉心照顾的员工能够并存而不互斥。

一些行业因技术变化而受到严重的冲击，我担心随着越来越多的消费者选择网上购物，本地的零售店会逐渐消亡。在传统上，意大利在应对线上购物的创新时能够保持韧性。我们更喜欢亲自购物，使用现金是最好不过的。意大利的中小型家族企业聘用了全国78%的劳动力，因此政府制定了保护连锁私营企业（例如药店）的法律，尽管有些人认为这样做会阻碍创新。崎岖不平的乡村道路和不完善的宽带网络使人们无法对互联网形成广泛的依赖。但在新型冠状病毒出现后，情况发生了变化。在2019年，有40%的意大利人在网上购物（英国为87%，德国为79%）。在新冠疫情期间，这一数字几乎翻了一倍。亚马逊是这些网上购物网站中最大的一家，它在意大利新开设了多家订单履行中心，但由于卫生条件和医疗保健措施欠缺，愤怒的工会正在这些地方举行罢工。与此同时，有许多人想要更多的订单履行中心以及它们所带来的就业机会（即使它们会威胁到那些在现有的企业中上班的人们的工作）。

我希望在最初的混乱平息后，意大利人能够在网上购物的便利以及那些作为我们当地社区的中心的小企业、小商

第十章
耐心

店之间找到平衡点。同样的事情以前发生过。当蒸汽机出现后，马车被火车（效率更高）取代，马车夫以为失业率会急速上升，但最终没有发生。同样地，这样的事情也不会发生今天。

进步能创造新的工作机会（在自动化之前，必须先由一些人制造出自动的机器，然后由另一些人对其进行维护），提高生产力和工资（允许工人去购买更多或更好的商品），促进生产的商品或服务的全面改进（一些通常需要更多劳动力的事情）。自从我1977年开始在意利公司工作，我们的咖啡产量增长了20倍，员工的数量也增加了大约10倍。我们从来没有裁过员，只招聘新人（受教育水平高，薪酬更也会更高）。在失业率不上升的情况下，改善品质是提高效率的最佳方式。

如今，意利工厂内许多操作都已实现自动化。工厂内呈现出"轻松忙碌"的气氛：生产流程是完全自动化的，所有的机器都在按部就班地工作：装罐、调节、密封以及包装不同尺寸的容器。在生产线的末端，机器人会将箱子码垛，然后将其包裹在薄膜内。而意利公司的员工此时身着印有"意利"字样的工作服和帽子，从容地走在机器之间，去观察一切是否

品质至美：
意大利品牌卓越的秘密

正常进行，只需要在解锁机器或注满储水池时进行干预。

随着我们在业务和文化方面的进步，对更好的制造工艺和原材料的关注是我们抵御自动化和离职的最佳手段。在意利公司，我们的员工主要专注于保证品质。他们监控机器去确保它们在合适的温度下烘烤咖啡豆并将其研磨到正确的程度；他们还会仔细检查包装保证其没有任何瑕疵，带有凹痕的咖啡罐将不会流入市场。我们对品质的要求越严格，我们就会越依赖我们的员工，他们是我们落实品质优先的关键。

耐心，而非停滞

如果我能对我的美国同代人应对他们的业务衰退或其他挫折的方式做出任何改变的话，那就是要他们理解并欣然接受这样的观念：尽可能长时间留住你的优秀员工，以及他们身上来之不易的技能和宝贵的系统性知识，还需要让他们理解并接受你在行业内更大的生态系统中的角色。我永远无法理解为什么由一些世界上最具创业精神和雄心的人领导的企业，应对困难时刻的本能反应竟是抛弃他们的员工。甚至还有更糟糕的做法：专门创建新的商业模式去将此前可靠的全

第十章
耐心

职工作转为季节性或兼职工作。在管理层和员工之间制造怨恨和愤怒不会有任何好处，在工作的不安全感和福利的消失被伪装成自由和选择时尤为如此，这就和很多基于应用程序的送货或拼车的企业一样。

诚然，我们在意大利做的也并不完美。我们的许多私营或国有企业都深陷困境，这都是由耐心的对立面——停滞造成的。其中最重要的莫过于我们的载旗航空公司——意大利航空公司（Alitalia），在经历私营集团11年的管理不善和3次重组尝试（均未成功）后，于2020年被政府接管。运转不畅、员工之间的争斗和债务导致公司举步维艰，这里不再是工作的好地方。（有人开玩笑说意大利航空恰好是"起飞延误，到达延误"的缩写）[①]。这在意大利国内引起了极大的忧虑，毕竟，意大利航空公司代表意大利。安妮塔·艾克伯格（Anita Ekberg）在电影《甜蜜的生活》（*La Dolce Vita*）中搭乘一架DC-6B飞来罗马。飞机红绿配色的涂装和尾翼上"A"字标识曾经遍布开罗、纽约、圣保罗和东京，就像在

---

① 意大利航空的名称Alitalia恰巧是"Always late in takeoff, always late in arrival"（起飞延误，到达延误）的首字母缩写。——译者注

品质至美：
意大利品牌卓越的秘密

米兰或罗马一样常见。政府已经投入了数亿欧元以维持航空企业的运转。但正如一位金融家指出的那样，对意大利航空的注资就像是将水倒入意大利面过滤器中。有耐心是一回事，但耐心的付出也必须全情投入和经过深思熟虑。

在意大利航空公司的案例中，我们因为拒绝适应不可避免的变化而受到伤害。现在大多数意大利人出行都会选择诸如英国易捷航空公司（EasyJet）等廉价的航空公司。虽然这家公司创立于英国，但通过设立多家子公司，易捷航空公司的飞机可以从欧洲的多个基地起飞营运（英国脱欧会对此造成什么样的影响还有待观察）。意大利航空公司的新管理层最好对员工表现出耐心，并创造性地考虑如何对一家直接聘用1.1万名员工和众多第三方工作人员的企业进行现代化转型。到目前为止，没有人自告奋勇承诺以符合当今世界要求的方式重组这家公司。保护国家的载旗航空公司是没有任何意义的，我们需要的是一家能够与美国、中东和中国的同行竞争的欧洲航空公司。但现在，意大利航空公司和诸如法国航空公司、德国汉莎航空公司等载旗航空公司一样，仍然是一家"僵尸航空公司"，吸纳了大量纳税人的钱，而且此举可能与欧盟关于国家援助的规定相抵触。

第十章
耐心

但在大多数情况下，意大利家族企业都明白，如果没有我们最佳员工渊博的专业知识，我们什么都不是。事实上，由于我们有同样的工作会在一个家族内代代相传的传统，这样的知识会在为我们工作的人们中越发根深蒂固。

当然，优先考虑你的员工的福祉也是有代价的，我们在整本书中都谈及了这一点。例如，你需要花费更多来为员工创造一个愉悦轻松的工作环境，此外，你在员工假期安排上的慷慨大方将使你失去几天或几周的工作时间。但请你保持耐心：你在员工福利方面的投资会带来回报。我在思考自己与员工的关系时，不禁会想起那些树龄有上千年的橄榄树或葡萄藤。在第一次收获之前，它们必须历经多年的修剪和培养。同样地，如果我花费时间去关注员工的幸福，他们定会以数十年的勤恳工作来报答我。

法奇奥里

意利家族是一个音乐世家。我的祖母每日都会弹奏乐器，我的很多表亲也是如此。我的父亲教育我热爱古典音乐（在我写作的此刻，我正在聆听马勒的第四交响曲）。作为

品质至美：
意大利品牌卓越的秘密

的里雅斯特的市长，我同时也担任朱塞佩·威尔第歌剧院（the Teatro Lirico Giuseppe Verdi，成立于1801年）的主席。一天晚上，我在那里听到了由法奇奥里（FAZIOLI）钢琴演奏的协奏曲。这种钢琴的产地就在几英里外，位于威尼斯和的里雅斯特之间的一个地方。钢琴与美声唱法[①]之间的共鸣令人惊叹，既灵巧又柔和，它轻轻地跳过一些音符，却带有惊人的力量和音色深度。后来我了解到，法奇奥里钢琴公司的大使们之所以珍视这个品牌的钢琴，是因为它们能够在所有的音乐织体上保持丰富的音色，即使是在低音区。经过进一步的调查，我发现法奇奥里钢琴企业当时只有30岁，并将自己定位为古板、传统的钢琴制造业内大胆的新星。

制造一辆法拉利需要3个月的时间，即便如此，法拉利在马拉内罗（Maranello）的工厂一年也能生产8400辆车。而一只绒山羊一年只能产出4盎司[②]的底绒毛（羊的皮毛中能够被纺

---

① 美声唱法是一种独具意大利风格的歌剧演唱形式，讲究对发声进行灵巧和精细的控制。但随着更为"深沉"和更具戏剧和歌剧风格的演唱形式在20世纪早期的流行，它曾一度没落。然而，现在贝利尼（Bellini）和多尼采蒂（Donizetti）歌剧的重演极适合这种演唱形式。

② 此处的1盎司≈28.35克。

第十章
耐心

成纱线的部分），但世界上有足够多出产羊绒的山羊，因此你无须为了购买一件毛衣而等待。我们也能看到每年有1.2万只爱马仕柏金包被推向市场，但只要留下正确的电话号码并准备好足够的钱，你也不需要等待很长时间就能买到它。

与法拉利和爱马仕不同，法奇奥里钢琴每年的产量不超过140架。如果你想要一架它的三角钢琴，你必须做好等待的准备。当然，钢琴就其本质而言需要耐心。精通这种乐器需要数十年的时间，时间长到你可能会厌倦而想扔掉它（只不过因为要想从房间内移除一架钢琴是一件很困难的事：首先要拆除窗户，甚至是墙）。假如在搬运的过程中不小心，它会在舞厅的镶木地板上凿出永远不会消失的印迹。钢琴还需要调音师对其进行定期的保养和照料。然而，一架像法奇奥里钢琴一样真正卓越的钢琴，会用极为丰富和悠扬的乐声来回报你的付出，它们会照亮和活跃每一个音符，不论你演奏的是弱音还是强音。

我很快就以弗留利-威尼斯·朱利亚大区主席的身份参观了一次工厂，创始人保罗·法奇奥里（Paolo Fazioli）接待了我，并领我参观了幽静安谧的工厂车间。工厂没有我想象中的那么大，但被安排得井井有条，所有一切都在属于它们

品质至美：
意大利品牌卓越的秘密

的位置上，而且十分整洁。工人们穿着统一的绿色外衣，工作沉着、细致。偶尔会有人弹奏一个音符来测试琴弦的设置或琴槌的击打，倾听时他会将头偏向一边，脸上流露出全神贯注的神情。而后，他会轻轻地将钢琴的机械装置调整几分之一毫米，直到声音完美为止。我马上意识到他们的每一个动作都很关键。为了防止出现不可修复的缺陷，法奇奥里会在整个制造过程中对每架钢琴的全部部件进行审查。考虑到钢琴的产量低且价格高昂，如果一架钢琴因质量缺陷而无法出售，将带来很大的问题。

法奇奥里证实了这一点，并对我说："工作的精确性至关重要！我有机会参观了很多钢琴工厂，我注意到其中一些厂家的产量很高！而我们的目标则是永不妥协的品质。"

法奇奥里钢琴公司以制造出长达10英尺的最大的三角钢琴而闻名。但不仅如此，它还以大胆创新的设计而负盛名：装饰艺术风格的商标看起来更像是一艘风格化设计的游艇而非乐器；而有机设计使人们联想到一棵破土而出的树去拥抱钢琴家。法奇奥里将与客户携手使他们的愿景变为现实，但正如他所言，有时他需要去引导客户做出更好的审美抉择。钢琴用的木头来自塔尔维西奥（Tarvisio，位于山区），高海

第十章
耐心

拔和低温意味着那里的树木生长十分缓慢,因此产出共振木料,而后对其进行陈化将会是一个精中取精的过程。

我问法奇奥里他的钢琴惊人的视觉设计的灵感来源是什么。"作为意大利人——世界上最美丽的国家(之一)——我们感到非常自豪,"他对我说,"尤其是我出生在罗马,并在那里完成了所有的学业,我能够紧邻那些古罗马时期的教堂、广场、喷泉、宫殿、纪念碑和遗迹,它们在过去和现在丰富着我们的生活,引领着我们发现美丽。"

"当我开始制造钢琴时,很自然地在尊重传统的同时去修改钢琴设计和比例,使其具有'意大利'的气质。"

更令人震惊的是制造一架钢琴所需的时间:两年。尽管法奇奥里热爱音乐,但他的本职是工程师。他将这两种热情结合起来,创造出一种新的钢琴制造系统,旨在得到最佳的乐音。生产过程中的每一个不同的步骤都需要很长的时间。在每个步骤之间,钢琴也必须进一步地静置和陈化。两年终了,琴声会变得饱满、优雅、澄净、圆润和悦耳。哪怕混在数十种钢琴发出的琴声中,你也能识别出它的声音。

当你怀有信念和远见时,保持耐心是很容易的,这是我跟法奇奥里学到的。当你完全了解自己想要做什么,以及

品质至美：
意大利品牌卓越的秘密

你想如何去做这件事时（不惜一切代价，用心打造最好的钢琴），那么即使面临最难应付的局面，你也愿意坚持下去。即使你的业务相对简单，这一点也同样适用。我有很多朋友多年来以自己独特的梦想为基础去创办企业，但通常他们都会陷入挣扎，拼尽一切去支付账单，或者只是为了让企业从这个月活到下一个月。

那些真正相信自己正在做的事情，甚至能看到几十年以后的前景的人，才能取得成功，即使被整个世界嘲笑，他们也会继续前进，孜孜不倦地在所有事情上追求精确和品质。他们能够坚持别人可能还没看到的成功的前景。我有一个朋友奋力从头开始一项创新型业务，数年后，他坦言自己实在太穷了，因此不得不乘坐公共汽车去参加重要会议，而不是像那些成功的企业家一样开着自己的车参会。但他对自己应该朝什么方向发展以及为什么这么做的信心和清晰的认识，使他得到了回报，现今，他已经成了他所在领域里举足轻重的玩家。

当然，在你经历一些小的失败或成功时，调整和改进你所做的事情十分重要。你可能有必须改变以实现你愿望的方式，或许你可以去为一家更大的企业工作而不是独立发展。

第十章
耐心

但永远不要因为你的雄心还未实现而感到尴尬，也永远不要因为你的工作成果没有被立刻发现或承认而感到沮丧。有了耐心、信念和远见，你一定会成功。坚持你的愿景，让别人去评判他们自己是否也必须这么做，但要确定你正在做的事情和为什么这么做。

正如法奇奥里所说："我们的钢琴肯定与众不同，不应该由我去评判它们比其他的钢琴更好或更差，但多样性对美助益良多，在我们生活的世界里，美是我们所有人都需要的。"

此外，同样重要的是，永远不要认为自己"太老了"，或者因为某一个伟大的想法或愿望在你的人生中出现得太晚而不去尝试。尽管我酷爱音乐，但我从未能精通任何一种乐器，而现在，到了人生的后期，我想去学习弹钢琴，因为它能让我加入我的亲友，分享他们对演奏音乐的热爱。打开一扇新的门，走入其中，永远不算晚。

第十一章
惊喜

几年前,我前往科隆去与马斯特罗扬尼在德国的经销负责人阿道夫·马西(Adolfo Massi)会面。马西是一位非凡的绅士,一天晚上他邀请我享用了一顿难忘的晚餐:无与伦比的菜肴,魅力十足的客人,妙趣横生的对谈,然而,最令人惊奇的是呈放菜品的巨大木桌。

第一,令人惊奇的是桌子巨大的尺寸:长度超过25英尺;第二,它形状怪异。尽管桌子上方很平坦,但边缘都呈现锯齿状,整个侧面弯曲有致,一直垂落到地面;第三,桌子的质地:当我把手放到桌子的平面上时,本以为会感受到层压板的光滑或是虫胶清漆带有光泽的黏性,但令我惊讶的

品质至美：
意大利品牌卓越的秘密

是，我的指尖感触到了一种意想不到的丝滑感——我后来了解到，桌子的末道漆的配方中仅含有蜂蜡等天然物质，我从没有在别的东西上有过类似的感觉。

当我们坐下用餐时，马西带来了第四个也是当晚最大的惊喜。他解释说这件庞大的家具是由一根贝壳杉原木完全手工打造而成，这种原材料以其金光闪闪的光泽而闻名。由于活的贝壳杉在新西兰受到保护，桌子所用的木材是从史前沼泽地的底部挖出来的。数万年前，海啸冲倒了这些高大的树木，它们被沼泽保护了数千年，这些远古的贝壳杉成为世界上最古老的可加工的树木。即使使用挖掘机和推土机，想要把一根重达300吨的树干从泥土里挖出也不是件容易的事情，但它的品质无可比拟。挖掘古树的同时，活的贝壳杉也能得到保护，这真是再利用的终极形式。

马西的桌子令人惊喜，此前我从没有见过类似的东西，纯粹的喜悦使我兴趣盎然。这张桌子还有很多值得品味的地方：侧面用纯天然的透明树脂包覆，否则木头就会像刚从沼泽地挖出时的那样。表面上所有的孔都被相同的树脂材料填充，以确保桌面的均匀性和光滑度。尽管桌子仰赖这些天然成分，或是正因为如此，它在面对这些元素时保持显著的适

第十一章
惊喜

应力。马西曾将桌子放在室外,经受长时间的日晒雨淋,仍然完好无损。

后来马西告诉我,他拥有另一张这样的桌子,长40英尺,重量超过4吨。它被放置在马西的仓库里,等待着适合它的安身之所。

什么样的企业会如此不遗余力地去制造一张餐桌?我当时在德国,但我立刻就想到这张桌子一定是意大利制造的,我的判断是正确的:里瓦1920(Riva 1920)公司的总部位于伦巴第大区北部的坎图市(Cantù)。后来,受到好奇心的驱使,我去参观了他们的工厂,希望能了解更多关于意大利最伟大的企业是如何利用惊喜的元素去取悦他们的客户的。

惊喜的元素

有少数企业经常会令外界感到震惊。惊喜是它们文化中不可或缺的一部分。史蒂夫·乔布斯(Steve Jobs)的"还有一件东西"(one more thing)是他年度发布会中最令人期待的部分。乔布斯领导下的苹果企业并不是简单地制造某样产品,只有当独一无二、意想不到的惊人之举融入其产品从

品质至美：
意大利品牌卓越的秘密

核心功能到包装的各个方面时，这款产品才算完成。像苹果公司这样的企业都是通过不断寻求超越现状来提升客户体验的。满足客户的期望是永无止境的一个过程。

意大利企业对于它们自己的产品充满热情，客户的喜悦才能让它们心满意足。它们厌恶平庸，从我们的角度看，即使冒着出丑的风险而去尝试一些意想不到的东西，也比只满足于合格好得多。即使是在最平淡无奇的行业，这样的理念也同样适用。这都要归咎于我们的历史，艺术是意大利人的命脉，我们的职责就是为我们生产的所有产品赋予趣味性和创造性的灵感。

那么，惊喜实际上是如何在产品的构思和设计层面发挥作用的？那些最好的企业是如何坚持不懈地做到这一点的？我发现这一点可以归结为对事物的了解：你必须了解消费者的期待才能超越他们的预期。就功能而言，没有一件产品是全新的。尽管第一辆汽车具有革命性，但它当时仍被称为"无马的马车"。事实上，我们现在仍然使用马力一词来衡量发动机的功率。

与之类似，像第一款苹果播放器（iPod）这样的突破性产品，外界最初也是通过与当时能买到的可携带音乐播放

第十一章
惊喜

器进行比较来评价的。那些早期的MP3播放器看起来很惊人，无论你去哪里都可以随身携带500首歌曲！当然，与现在的流媒体和无限音乐相比，这样的容量已经过时了。iPod之所以能够让消费者惊喜，是因为它提供了一个优雅、直观的界面，与那些笨重的、晦涩难懂的MP3播放器形成鲜明对比。那些最早的带有黑白色屏幕和圆形界面的iPod，现在就像是当年出现在它们面前的MP3播放器一样，被人们随便放在抽屉后面而逐渐被遗忘。它已经被iPhone带来的"一体式"体验所取代。而这正是一个有关惊喜的品质的重要事实：最好从客户能够理解的事物入手，然后将其引导到意想不到的方向。

客户的期待建立在某一类别中现有的产品之上，而假装这些期望不存在会导致失败，这就是惊喜和困惑之间的界限。真正的惊喜是在完全理解这些期望之后才能构思出来。里瓦1920公司用它们的家具来使消费者感到惊喜，因为它早已对所有公认的、与家具相关的概念烂熟于心，例如家具是什么，如何制作家具，它的外观是什么样的以及它能带来什么样的感觉等——然后颠覆了它们。

我们都喜欢惊喜，它似乎看上去很抽象或难以形容，但

品质至美：
意大利品牌卓越的秘密

它对于竞争激烈的市场中的企业来说至关重要。时任哈佛商学院教授的经济学家西奥多·莱维特（Theodore Levitt）曾写道，任何产品或服务都有一个至关重要、无形的元素。正如他所说："'某样东西'……帮助人们决定从谁那里购买和他们要付出什么，或者从卖家的角度来看，他们是'忠诚的'还是'易变的'"。

这就是为客户提供魅力产品的重点，而增强品质的理念简而言之就是一种为你的客户提供超出他们预期的产品或服务的方式：令他们感到惊喜、愉悦和入迷。预期与增强之间的区别就是后者具有惊喜的特质，能够让消费者发出"哇"的一声感叹。尽管它是无形的，但必不可少。

当然，做一些意想不到的事情来让你的客户感到惊喜是有风险的，他们可能会不喜欢。你的产品对个性的触及可能对他们没有吸引力，甚至可能会让一些潜在客户不愿去尝试你的产品。然而，正是在这个介于预期和未知之间的意想不到的位置，你才有最佳的机会去和你的客户建立联系。我们的身体在这个时候会发生变化。当我们感到惊喜时，大脑中迸发出的一点多巴胺会让我们高兴。如果惊喜能使客户开心，而它所需要的只是对期望的理解，以及愿意在期望的基

第十一章
惊喜

础上进行各种各样的尝试，那么为什么不是所有的企业都能生产出令人惊喜的产品呢？简单来说就是因为恐惧。但恐惧对于里瓦1920公司的董事长毛里齐奥·里瓦（Maurizio Riva）来说并不是一个问题。他认为意大利是一个"永不服输"的国家。

勇敢的创造

里瓦1920公司相信非凡视角的价值高于委员会设计。企业与阿尔巴尼亚雕塑家赫里顿·西科哈（Helidon Xhixha）以及意大利建筑师马尔科·皮瓦（Marco Piva）等艺术家和有创造力的人签订合同，用大理石、钢材、木料或多种材料组合来打造出企业最初的作品。然后，正如毛里齐奥·里瓦解释的那样，他们要"看看情况如何，是否要上市销售以及我们能卖出多少"。

不论这些艺术家或设计师的地位有多么显赫，将产品的设计寄托于一个人身上，需要有非常坚定的信念才能做得到。风险和惊喜始终相伴。

品质至美：
意大利品牌卓越的秘密

失败的惊喜

现今，大多数大众市场产品的目标仅仅是以有竞争力的价格满足市场的需要，然而，错过一个能够令客户惊喜和取悦客户的机会是件可悲的事情。我也发现很多组织将他们的创造力都投入广告之中，它们或许会讲一个笑话、请名人代言或者用意想不到的"转折"来让我们感到惊喜。为什么要这么做呢？商业广告或广告牌上的这些浮于表面的惊喜，在一定程度上建立了消费者与品牌之间的心理联系，但它们并没有提供任何更实质性的东西来加强这种联系。我们曾见过一些航空企业或旅游宣传活动推荐你去一个遥远的地方旅行，宣称那里能带给你欢乐和众多意想不到的体验。然而，在登机或入住酒店时，我们会意识到，那里除了同样令人沮丧、肮脏的飞机和人满为患的海滩外，一无是处。创造惊喜的目的是让你的客户开心，因此他们才总会对你的产品充满好奇和感兴趣，期待着从你那里得到同样的增强品质的体验或新的体验。

这样的事情在那些没能创造惊喜的企业里绝不是个例，而这样的企业还有很多。假如一群行业资深人士做出的所有

第十一章
惊喜

产品决策都符合公认的行业标准,即使产品失败了,谁能去指责他们呢?虽然这本可以通过另一种更为有趣、更令人愉快的方式进行,但你不能因为某人选择循规蹈矩,只满足于符合标准,不去提升,而指责他们。

成年的消费者经常放任自己被那些长期缺乏想象力的无聊企业敷衍。我们累了,劳累过度,无暇去关注这些事情。但我们的孩子却不那么宽宏大量,他们要求产品的惊喜能够回报他们付出的宝贵的零用钱,即使牺牲品质也在所不惜。几乎所有成功的儿童产品都融入了出乎意料的东西。在欧洲,我们的孩子渴望得到健达奇趣蛋,他们知道每一个塑料包装壳内都含有一个小玩具,但从糖果外面的包装是不可能猜到里面是什么的。这样的意想不到只会让他们更加渴望去打开它。

在美国,好家伙玉米花(Cracker Jack)被认为是最早问世的垃圾食品品牌,而该品牌承诺这种裹有糖衣的爆米花和花生零食的每个盒子内都会有一个"玩具惊喜"。这些新奇的物品可能是一个戒指、一个塑料人偶或是其他同样大小而又微不足道的东西。但并不是这些小装饰物的品质让好家伙玉米花成为一个世纪以来棒球比赛中必不可少的观赛小

品质至美：
意大利品牌卓越的秘密

吃，它做到这一点凭借的是惊喜的元素。品牌目前的持有人菲多利（Frito-Lay）企业在2016年摒弃了实体物品，但扫描每个盒子中的二维码都可以让消费者在手机上玩游戏。直到今天，一个好家伙玉米花盒子里只装有零食仍然是不可想象的。作为一种零食，它并没有那么好，但作为一种体验，它却能令人开心。

让成年人感到惊喜是比较困难的，因此，在大部分的时间里我们都习惯于不再去关注这一点，而是优先考虑产品的功能和价格而非乐趣。这样的想法以交换为前提，就好像惊喜是必须要抵消的额外成本。实际上，惊喜需要的只是勇气和创造力。这是突破性产品可以利用的良机，它们在价格和功能上继续保持竞争力的同时，也能超越对手带给消费者惊喜。这是一个颠扑不破的公式，并被所有伟大的意大利企业遵循。

我的妻子罗萨纳（Rossana）是一名侍酒师，同时也是一位品酒讲师。她会定期品尝世界上最好的葡萄酒，正如你想的那样，她有着极为精致的味觉。在她的一生中，她始终不愿尝试巧克力，因为她觉得巧克力没有什么有趣的地方。后来，几年前，她品尝了多莫瑞的克里奥罗黑巧克力，从那

第十一章
惊喜

一刻起，一切都变了，她对于巧克力的认知完全被颠覆。她了解巧克力应该是什么味道，多莫瑞尝起来也像巧克力，这符合她的预期，但它大大超出了她对巧克力复杂性和品质的期望。当罗萨纳因为健康原因需要静养时，她的饮食受到限制，但她最想念的是巧克力，而不是葡萄酒。增强品质带来的转变之大由此可见。

尽管对一个组织来说，没有出现惊喜似乎更为安全，但从长期来看，这却是极其危险的。诚然，如果它是某个价格区间内唯一的选择，那么市场会容忍这样仅能满足需要的产品的存在。然而，这样的产品是极为脆弱的，如果竞争对手的产品在价格和品质上能够与之匹敌，而又增加了惊喜的元素，那么这些成年用户中像孩子般对惊喜的需求就会被唤醒，他们就会成群结队地转投别家。

许多优质产品的生产商最后都倒闭了，就是因为它们不愿去令它们的客户惊喜，直到它们自己被某个大胆的竞争对手出其不意地袭击。仅仅满足市场的预期不足以捍卫你在行业中的地位，为了保持无可匹敌的优异性，你必须冒险去创造惊喜，否则你将面临失去一切的危险。

品质至美：
意大利品牌卓越的秘密

工程技术让客户满意

里瓦1920公司每年会限量生产一批带有其签名的桌子，每一张都是独一无二的，因为原材料极为稀缺和难以获取，因此成品保持统一是不可能的。当然，所有手工打造的物品自然都会是与众不同的。如果有的话，以手工的方式保持产品的均一性非常困难。

只有提供个性化的商品，你才能真正满足每个买家各自不同的期望[①]。为了制作贝壳杉桌子，里瓦1920公司付出了巨大的成本和努力，但随着3D打印、人工智能和自动化等技术的不断进步和发展，所有企业都能更加容易地满足各自细分市场的需求。

另外，大批量生产的物品也可以提供一些独特的元素——例如，你可以定制阿尔法罗密欧汽车上的涂装。实物的多样性也不是超出客户期望的唯一方式，即使某样商品本身是批量生产的，客户的产品体验也可以是独一无二的。里

---

① 在《竞争优势》（*Competitive Advantage*）一书中，哈佛商学院教授迈克尔·波特（Michael Porter）认为，为了满足最苛刻的客户的需求，所有公司必须为"细分市场"定制商品。

第十一章
惊喜

瓦1920公司在多个层面做到了这一点：它们的桌子不是典型的桌子尺寸，你需要一点时间调整自己去适应这种始料未及的变化。许多高科技产品通过小型化和将更多的功能塞入更小、更轻的装置中来带给用户惊喜。而里瓦1920公司走的却是另一个方向，它并不是按照一般用餐区域大小来调整自己产品的比例，而是要求潜在的拥有者移除其他的东西，甚至拆除墙壁来为它的产品腾出空间。

这些桌子的外形与众不同，侧面保持了原状以带来惊人的效果。我最初的想法是当我靠边坐在桌旁时，我可能会碰下来一个碎片，然而，当我触摸它时，我意识到富有光泽的树脂让它实际上变得很光滑，它如丝绸般的质地也会超出你的预期。这些美学上的惊喜，一个接一个，让人入迷。里瓦1920公司的桌子真是令人叹为观止。

里瓦1920公司惊喜和取悦客户的能力体现在它的家具的方方面面，从沼泽地中挖出的古老木料到它们使用的秘密的、纯天然的配方，在制造过程中没有使用任何溶剂或人造化学品。一件里瓦1920公司的产品的所有者会为他们发现了这家企业和拥有它的产品而感到自豪，他们几乎一定会与他们的亲朋好友分享有关这张桌子的故事。这样的口口相传极

品质至美：
意大利品牌卓越的秘密

为关键。里瓦1920公司在与世界各地销售它们家具的经销商往来过程中遭遇了很多困难，许多人天生就不擅长讲述品牌的故事。为了改正这一问题，经销商被邀请去参观里瓦1920公司在坎图的工厂。这些参观者住在附近的农场里，在这几天的行程中，他们完全沉浸在企业的文化和理念之中。如果他们不能前来意大利，毛里齐奥也会去亲自拜访他们。这样的教育对任何想要带给客户惊喜的企业来说都十分关键。

当你在生产具有增强品质的产品时，一些解释说明的工作是不可避免的：正如我们需要去教育我们的客户使他们能够理解我们产品的细微差别，你也可以这样做。虽然这种方法比印制一些彩色宣传册成本更高，但这对于达到预期的惊喜效果极其重要：必须正确地向客户讲述故事，让他们能够完全理解每件产品所蕴含的乐趣。

惊喜的基础

里瓦1920公司是一家具有浓厚传统意识的家族企业。毛里齐奥·里瓦的祖父在28岁时创办了这家企业，后来，毛里齐奥·里瓦接手了企业，成为执掌企业的第三代人。如果他主

第十一章
惊喜

张削减开支,将是完全在意料之中的事,至少是在大多数客户不会注意到的地方。一些大胆的、削减成本的措施将会表明毛里齐奥·里瓦更愿意打破陈规,为他自己、他的兄弟和他们的家族扩大利润。事实上,对于一般的首席执行官来说,企业的经营方法看上去有调整的必要,就像是在普通的木匠眼中,里瓦1920公司的桌子未完成的侧面也需要进行修整。

但毛里齐奥·里瓦并不是普通的首席执行官,至少他不是你在意大利以外看到的那类典型的首席执行官。在他的领导下,企业一直坚持其传统。里瓦1920公司继续坚持在企业的所有产品中只使用实木。而木料要么源于可再生林,这意味着原材料能够循环使用,要么通过创造性的方式回收而来,从我们已经讨论过的古老的贝壳杉到威尼斯的橡木桩(Bricole)。威尼斯的运河和潟湖中树立着数以万计的橡木桩堆砌而成的塔,用于标记航道。当某一根橡木桩因为海水的腐蚀而开始腐朽时,里瓦1920公司将其变为一件功能性的艺术品来赋予它新的生命。

这家企业的生产工艺和它大多数的竞争对手形成鲜明对比。当前,即使是一些高端的木质家具也是使用刨花板制成的:将木屑、刨花和锯末等物与树脂混合,而后压制成型。

品质至美：
意大利品牌卓越的秘密

为了营造出一种纯实木家具的假象，刨花板外会覆盖一层薄薄的实木，有谁会知道其中的区别呢？

甚至在那些宣称自己是可再生木料的原材料中，造假之事仍时有发生。一些国家不遵守规则，这需要进行娴熟的侦查工作以确保那些所谓的可再生木料满足认证的所有要求。这些是里瓦1920公司愿意去做的事。尽管企业始终忠于传统，但它们也认识到目前制造家具的方式必然是不可持续的，10年后，现在使用的许多原材料都不可能再从可持续的来源获取，但企业的精神必须要继续坚持下去，这些方法将能够适应不断变化的环境。

意大利人对真实性的关注与可持续性、历史和传统等理念密不可分。在我与毛里齐奥·里瓦的谈话中，他明确表示自己作为首席执行官最重要的使命就是保证家族的第四代人接手时，企业和他当初接管时一样强大。企业不仅要在商业上取得成功，而且要和他接手时一样令人兴奋和充满价值。这样的态度影响了他作为首席执行官的所有行为。每天早晨上班途中，毛里齐奥·里瓦会收集通往工厂道路上的废纸并回收利用。他对企业未来发展的执着，只有他对企业过去的崇敬才能与之相配。

为什么这一切很重要？因为创造惊喜需要有冒险的意

第十一章
惊喜

愿。不仅是对企业，甚至也会对企业内的个体构成风险。如果你想要给客户带去惊喜，而不仅仅是满足市场期待，那么你必须愿意去冒险。这需要从组织的最高层起做出追求卓越的承诺，而员工必须确信他们在超越预期时能够得到领导层的支持。对于后者来说，冒险需要自豪感、热情和主人翁意识。家族企业在这方面具有优势，这就是为什么这些企业能够经常实现或保持颠覆性的品质，10年又10年。

惊喜的未来

里瓦1920公司对人力资源的重视丝毫不亚于自然资源。正如我在访问中发现的那样，企业在炎热的天气里向所有的员工提供冰激凌。这让我想起了我的第一份工作，在我19岁时，我为一家酒类企业工作，每天上午会有员工拜访每个部门，然后为所有人免费提供一杯白兰地。（在意利公司，我们没有这样做，但每个员工都有权享用咖啡或茶。）

这种对员工福利的关注遍及企业运营的每个角落。操作重型机械本身具有危险性，所以企业会不计代价去确保它们员工的安全。这种家族企业观念已经深入每一位里瓦1920公

品质至美：
意大利品牌卓越的秘密

司的员工心中。企业的每台机器都配备了最先进的防护措施以防止员工受伤，而此类事故在制造业中曾经常发生。这些设备都极为昂贵，而且并非所有企业的设备都符合现行法规的要求。例如，许多美国制造商仍然在使用那些当手指碰到锯子时不会自动停止的机器，即使现在已有相关技术可用。（直觉告诉我如果这些首席执行官的家人赤手空拳地拿着这些木板在机器上工作，他们一定愿意花钱来升级设备。）

里瓦1920公司不仅在自己的员工身上投资，也投资于整个社区。企业每年都会为年轻的设计师举办竞赛。此外，它们教会那些正在康复的吸毒成瘾者如何做木工以帮助他们重新站起来，并展示他们用从世界各地回收来的酒桶制造的成品，来激励其他还在与毒瘾做斗争的人们。企业甚至会举办一年一度的植树节，向人们分发可以在附近公园或花园种植的小橡树。

从所有这一切中，我们能够看到里瓦1920公司对未来的承诺，而这对于我们讨论的惊喜很重要，因为如果你甘愿冒险尝试为你的客户创造惊喜，那么你心中必须要有长远的眼光。如果你只在意企业这个季度的表现，那么稳妥行事和维持现状将是最有意义的选择。惊喜是长远思考中的重要指标，它需要企业每个人真诚的承诺和由衷的热情才能实现。

致谢

特别感谢马尔科·玛丽（Marco Mari）、卡洛塔·博鲁托（Carlotta Borruto）、卡洛琳·格雷芬（Caroline Greeven）、迈拉·菲奥里（Myra Fiori）以及本书引用的案例中，我访问过的所有企业的管理者。

后记
魅力

在整本书中，我们时常会谈到创造高品质产品的重要性。然而，这个方程式中还有另一个要素，就是个人购买产品时另一个选择：数量。

更多并不总是更好。收集、积累、增加都是很诱人的。我们的确都会去收藏自己喜爱的东西，而我喜欢收集青蛙的小雕像。多年前，我曾写过一本书，名为《中国的青蛙》（*La Rana Chinese*）。从那以后，我的亲朋好友养成了将陶瓷、玻璃或金属小青蛙当作礼物送给我的习惯。但人生并不是为了获得更多，而是为了获得更好，数量不多不少，够就行。

贾科莫·莱奥帕尔迪（Giacomo Leopardi）是我最喜欢

后记
魅力

的诗人之一。他曾写过一首名为《乡村的周六》（*Il Sabato Del Villaggio*）的诗，为所有体验过乡村生活的意大利人所钟爱。这首诗描述了在休息日的前一天晚上，村庄里人们流露出的期待之情。年轻的姑娘们正为装扮她们的头发收集丝带和鲜花，小男孩们期盼着宴会，而老妇人们追忆着自己昔日的青春和美丽。整个村子都沉浸在对次日欢乐的期待中，即使这首诗承认这只不过是他们一周劳作的喘息之机而已：

> 尽情享受吧，孩子，
> 在这欢欣喜悦的时刻。
> 而我无须多言，倘若你的假期，
> 姗姗来迟，但愿你不要为此难过。

这首诗之所以深受喜爱，是因为它讲出了一个核心事实，期待和怀旧在这首诗中合而为一。即使我们正在期待着某件事，我们同时也已经在为这种体验的转瞬即逝而感到哀伤。人生中所有的快乐都是短暂的。在我们的脑海中，第一个吻会和最后一个吻交织在一起。一个阳光明媚的日子里的快乐是苦乐参半的，因为我们都知道天总是会下雨的。

品质至美：
意大利品牌卓越的秘密

我让这样的意识引导着我度过这一生。我拥有过好的东西，但数量不是很多。我也享用过绝美的佳肴，但也没有吃太多。尽管我从来没有吃过或享用过如此多的东西，但我对它们的渴望已经完全得到了满足。我总是在饱腹前浅尝几口就停下来，我也从不想去喝太多的葡萄酒（并忍受由此产生的宿醉），因而我并不会去期待再来一杯。

生活中最纯正的乐趣总是源于最简单的事物。那些几乎每个人都能负担得起的、日常的高品质的小东西，足以让我们对生活感到满足。这就是你的机会。当你开展一项新的业务时，你有两种可能性供选择：你可以去发明一些新的东西，或者大幅改进已经存在的产品。魅力是一种为这些产品注入额外的惊喜和愉悦元素的方式。这首先要求你去追求增强的完美或精炼你所做的事情直到你的竞争对手无法复制的地步；还需要你花费时间去创造更少但更好的东西；此外，你还需要与你的客户和员工培养起家族意识；最后，你需要将意大利式的美感带到你所做的一切中。

我毕生致力于将简单的事情做到极致，这是十分有意义的，因为我深信这就是魅力最大的乐趣所在。